First edition: October 2020

Publishing by ASK Publishing Co., Ltd.
2-6, Shimomiyabi-cho, Shinjuku-ku, Tokyo 162-8558, Japan
Phone: 03-3267-6864
www.ask-books.com/

ISBN978-4-86639-361-2

Printed in Japan

1日10分 初級からはじめる 読解120

Japanese Reading Comprehension for Beginners

Human 辻和子　桂美穂

ask

（ほん　つか　かた）

この本は、日本語の文を「読む力」をつけるための本です。
This book is designed to help readers improve their Japanese reading ability.

1）ひらがな・カタカナが読めるようになったら、始めましょう！
　　Once you've learned to read hiragana and katakana, get ready to begin!

2）Day1からDay120まであります。毎日読みましょう！　読みおわったら、「読んだ日」や「かかった時間」を書きましょう。すらすら読めなかったら、何回読んでもいいです。
　　There is content spanning from Day 1 to Day 120. Try reading every day! Once you've finished reading, be sure to write down the day and how long you read for. If you have trouble reading it smoothly, you can reread it many times as you want to.

> ☑ **Day 4** ···················· 13
> 　11／10　→　11／13　→　　／
> （01:00）　　（00:50）　　（　：　）

3）生活に必要ないろいろな文章（メール、メモ、SNS、記事、エッセイ、案内、お知らせなど）があります。
　　There are various Japanese writings relating to everyday life (e-mails, notes, social media posts, articles, essays, directions, notices, etc.).

4）読み終わったら、友だちと「読んでわかったこと」について話し合ってみましょう。
　　Once you have finished reading, talk to you friends about the things you learned from the questions.

5）案内やお知らせなどを見ながら会話を聞いて、必要な情報を読み取る問題（🎧00）には音声があります。音声はダウンロードして使ってください。
　　There is audio for questions where you have to listen to a conversation while looking at directions or notices and try to read and pick out the necessary information. Please download the audio files.

音声のダウンロードについてはこちら！
（おんせい）
Audio files can be downloaded here!

https://www.ask-books.com/jp/tsunagu/audio/

そのほかの読解問題の音声もあります。音読用に使ってください。
There are also audio files for other reading comprehension questions. Please use them along with your studies when reading aloud.

> アスクユーザーサポート　E-mail：support@ask-digital.co.jp

もくじ

🔍 … 情報検索の問題　　🎧 00 … 聴読解の問題
　　じょうほうけんさく　もんだい　　　　　ちょうどっかい　もんだい

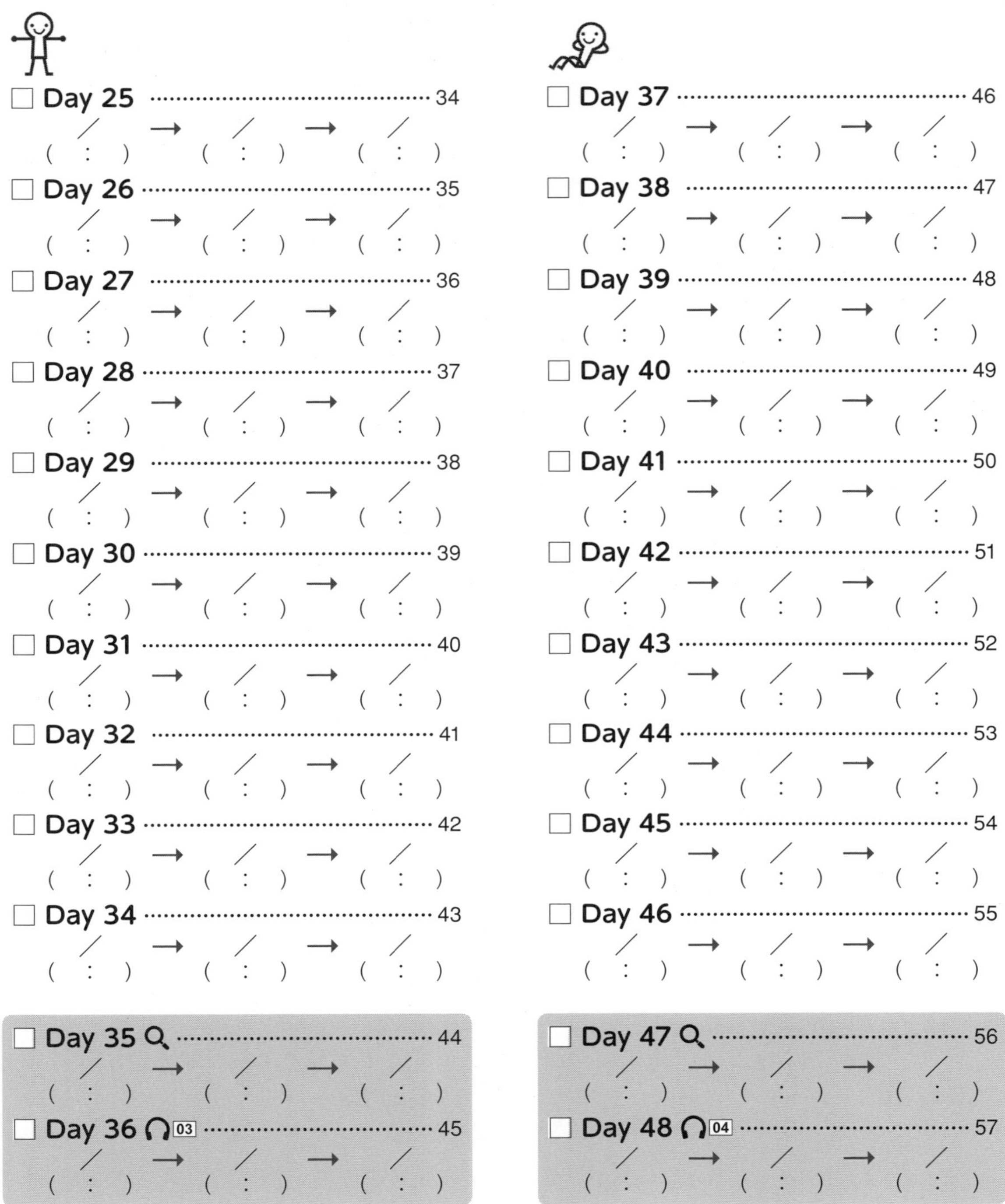

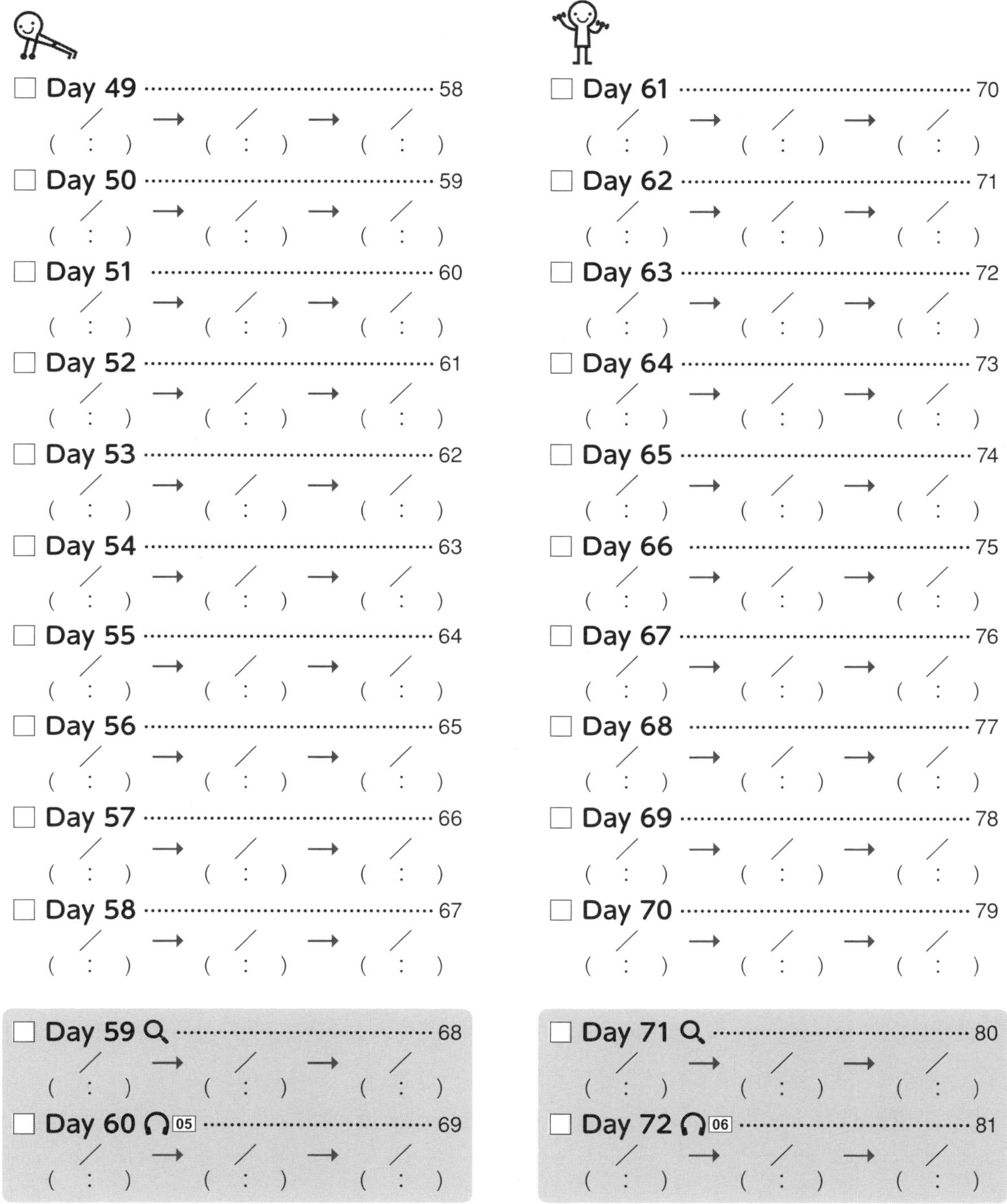

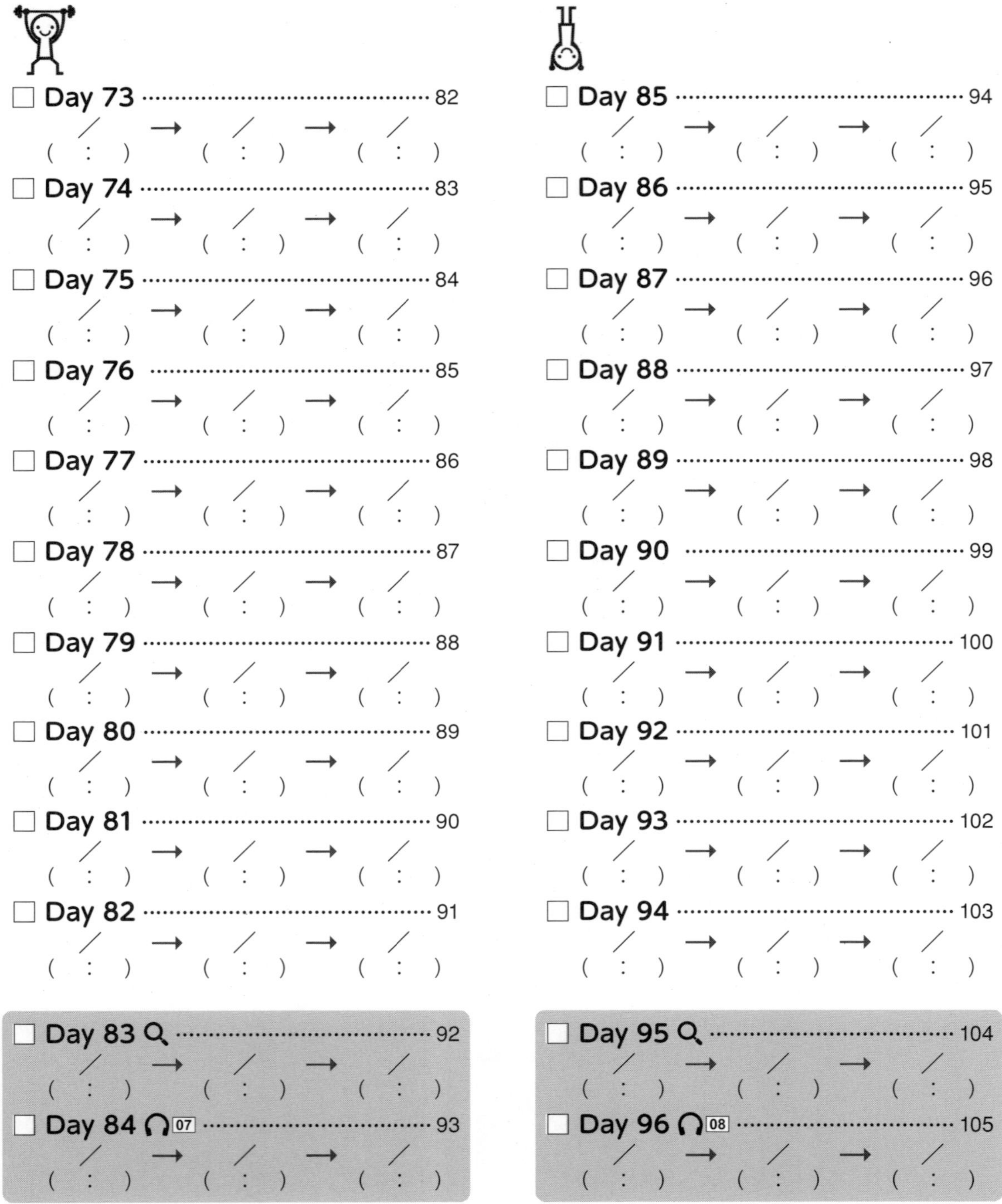

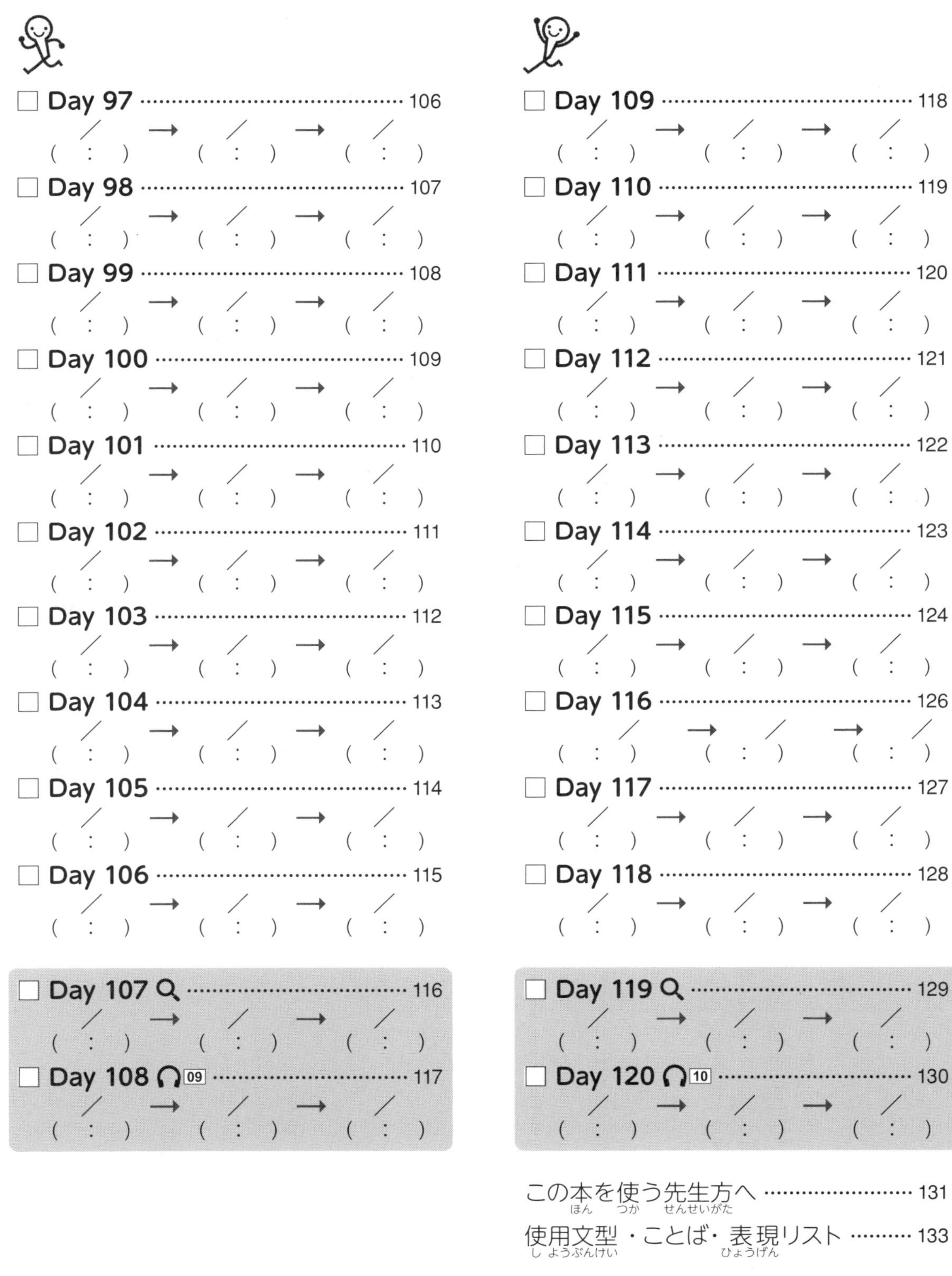

別冊（こたえ & スクリプト）
べっさつ

Day 1-1

か	さ	お	い	し	い
あ	り	が	と	う	ま
し	お	ん	せ	ん	せ
た	こ	ば	ご	は	ん
く	す	り	た	さ	せ
る	し	ま	ね	み	い
ま	ご	す	き	で	す
い	と	も	だ	ち	か

れい①） くるま
れい②） くすり
れい③） りんご

① かさ
② あした
③ ごはん
④ ともだち
⑤ ありがとう
⑥ せんせい
⑦ おんせん
⑧ すし

レ	ス	ト	ラ	ン	ア
ニ	ユ	ー	ス	コ	ル
ヤ	メ	エ	ト	ン	バ
ン	ジ	ア	カ	サ	イ
チ	ヨ	コ	レ	ー	ト
キ	ギ	ン	ン	ト	ヌ
ン	ン	タ	ダ	ン	ス
ウ	グ	メ	ー	ル	エ

⑨ レストラン
⑩ ニュース
⑪ チョコレート
⑫ メール
⑬ ダンス
⑭ アルバイト
⑮ ジョギング
⑯ ギター

れい）北海道
ほっかいどう

① 東京　とうきょう
② 大阪　おおさか
③ 佐賀　さが
④ 京都　きょうと
⑤ 宮城　みやぎ

⑥ 広島　ひろしま
⑦ 新潟　にいがた
⑧ 沖縄　おきなわ
⑨ 愛知　あいち
⑩ 高知　こうち

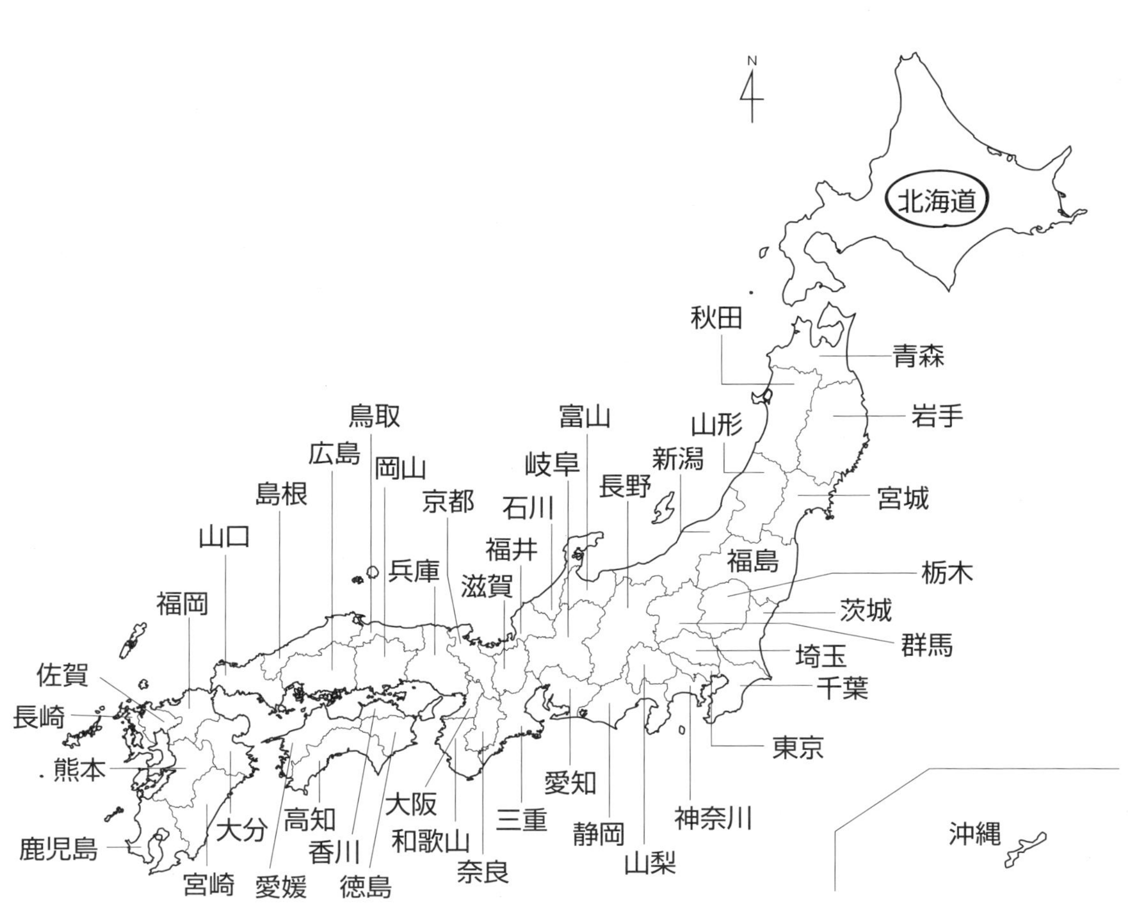

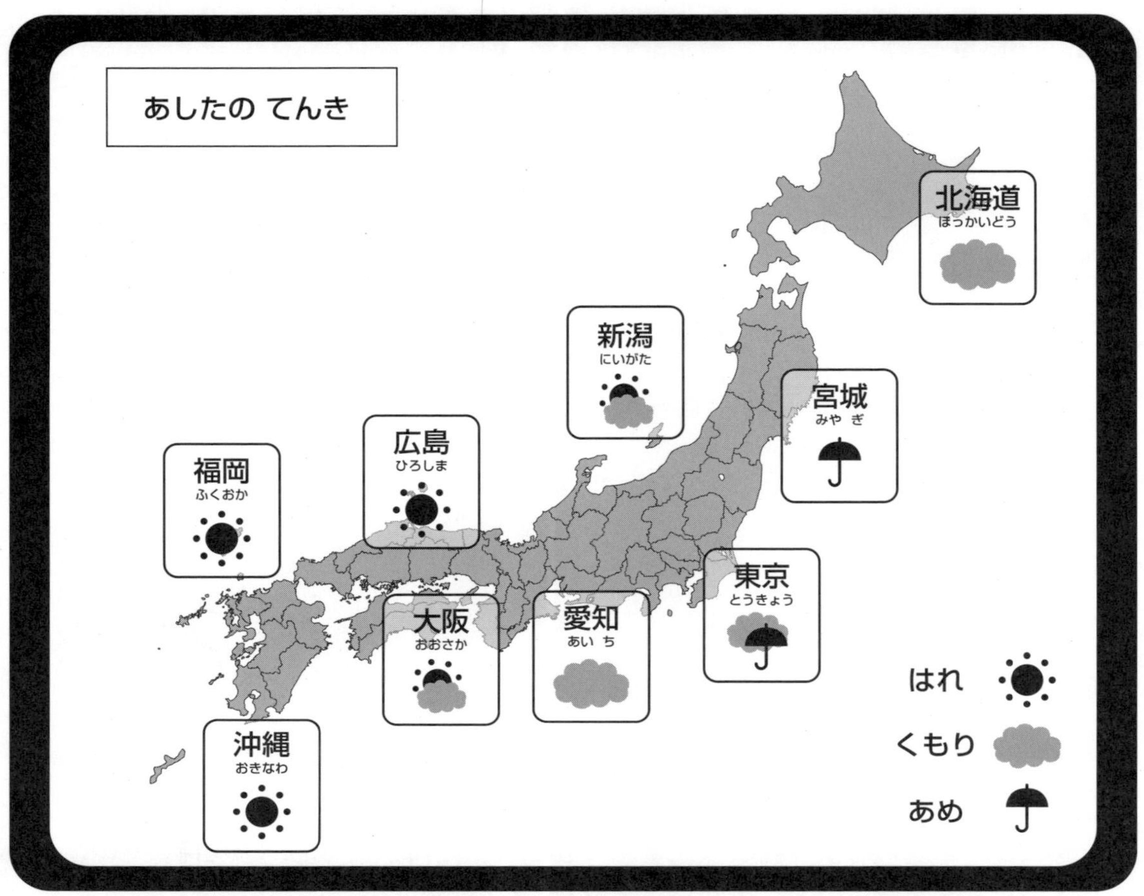

Q　どちらですか。

①宮城は（a　くもりです／b　あめです）。

②広島は（a　はれです／b　あめです）。

③愛知は（a　はれです／b　くもりです）。

週間天気　6月2日（月）〜6月8日（日）
しゅうかんてんき　がつふつか（げつ）　がつようか（にち）

日付 ひづけ	2(月) げつ	3(火) か	4(水) すい	5(木) もく	6(金) きん	7(土) ど	8(日) にち
天気 てんき	☀	⛅	☔	☁	☔	☂	☂
降水確率(%) こうすいかくりつ	10	20	60	50	70	90	100
気温 きおん (℃)　最高 さいこう	28	26	26	30	28	27	28
最低 さいてい	19	18	21	23	23	21	23

Q

例1）6月8日の 降水確率は 何パーセントですか。……　__100__　%
れい　　がつようか　こうすいかくりつ　なん

例2）6月3日の 気温は 何度ですか。……　____18____℃〜____26____℃
れい　　がつみっか　きおん　なんど

①6月4日の 降水確率は 何パーセントですか。……　________%
がつよっか　こうすいかくりつ　なん

②6月7日の 気温は 何度ですか。……　________℃〜________℃
がつなのか　きおん　なんど

Q　a〜fの どの 人ですか。

例) いちばん みぎは ともさんです。　　　　　（　f　）

①ともさんの となりは リュウさんです。　　　（　　）

②リュウさんのうしろは あいさんです。　　　（　　）

③あいさんの となりは シキさんです。　　　（　　）

④シキさんの まえは さゆりさんです。　　　（　　）

⑤さゆりさんの ひだりは オウさんです。　　　（　　）

TSUNAGU Dormitory の　あたらしい がくせい

グエン バン フイ さん

はじめまして。グエン バン フイです。
ＨＡだいがくの がくせいです。
ベトナムから きました。
どうぞ よろしく おねがいします。

Q　〇ですか。×ですか。

① (　　　　) フイさんは だいがくの せんせいです。

② (　　　　) フイさんの くには ベトナムです。

Q 〇ですか。×ですか。

① (　　　　) いま、よるです。

② (　　　　) きょうの よるは いい てんきです。

PICK UP

日本には いろいろな 国の のみものが あります。

おちゃは 800 年ごろに 中国から 日本へ きました。コーヒーは 1700 年ごろに オランダから きました。こうちゃは 1880 年ごろに イギリスから きました。みなさんの 国には どんな のみものが ありますか。

Q

①おちゃ　　・　　　・イギリス　　・　　　・1200 年ぐらい まえ

②こうちゃ　・　　　・オランダ　　・　　　・300 年ぐらい まえ

③コーヒー　・　　　・中国　　　　・　　　・140 年ぐらい まえ

Day 7

LUNCH MEETING の ひるごはんを

おねがいします。

田中さん：サンドイッチ 2つ
（たなか）

　　　　　コーヒー 1つ

リさん：おにぎり 2つ

　　　　おちゃ 1つ

大川さん：ハンバーガー 1つ
（おおかわ）

　　　　　りんごジュース 1つ

よろしくおねがいします。　本田
（ほんだ）

Q　ぜんぶで いくらですか。 ＿＿＿＿＿＿＿＿＿円
（えん）

Q　めがね売り場は どこですか。　（　　　）

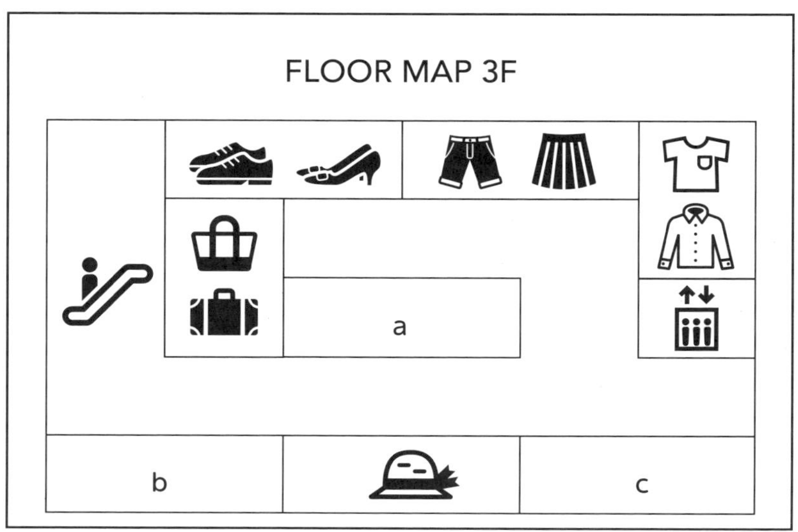

Day 9

Q　だれのですか。

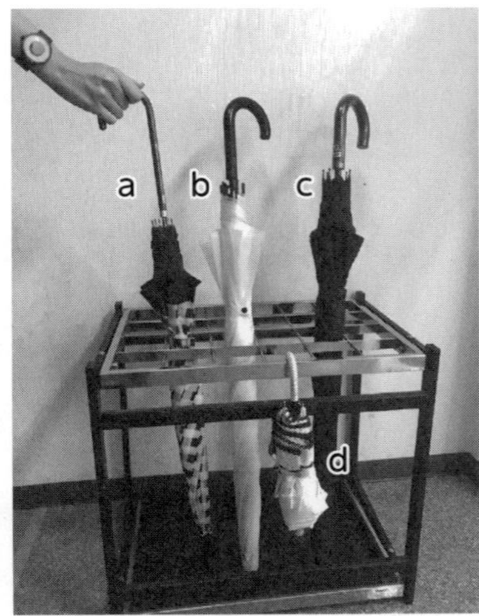

a ＿＿＿＿＿＿＿＿＿＿

b ＿＿＿＿＿＿＿＿＿＿

c ＿＿＿＿＿＿＿＿＿＿

d ＿＿＿＿＿＿＿＿＿＿

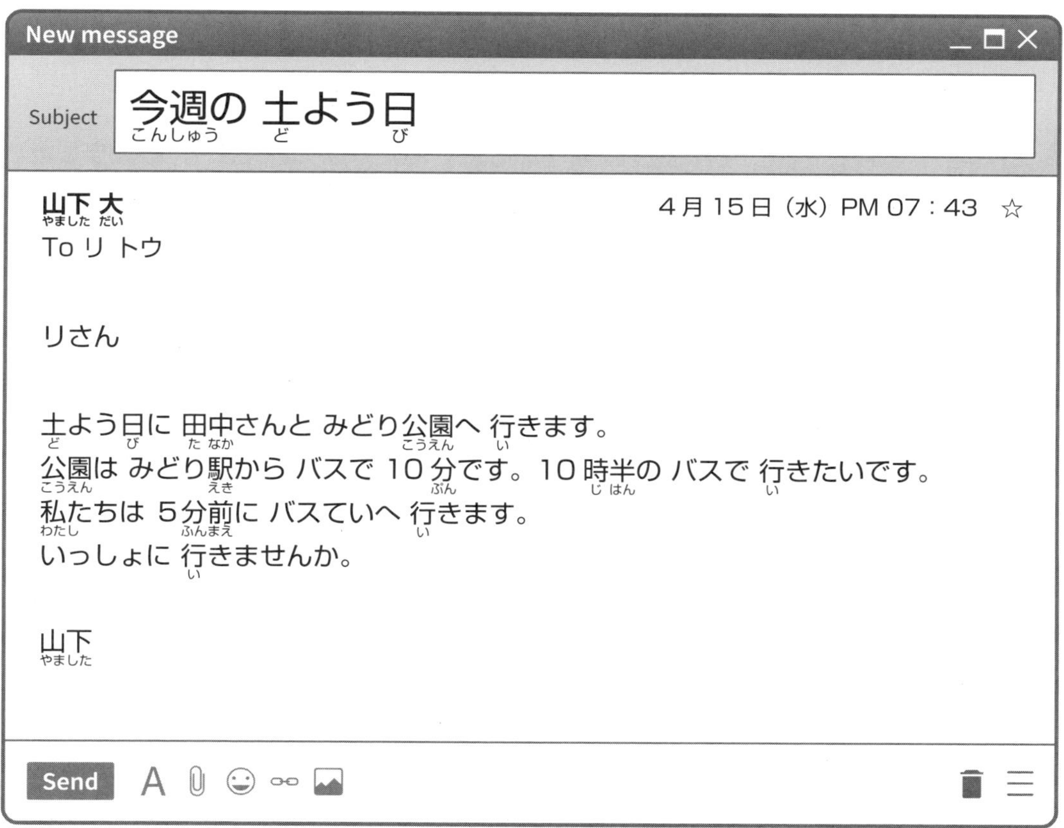

Q

① いつ みどり公園へ 行きますか。 ……　_____月_____日　_____よう日
　　　　　 こうえん　 い　　　　　　　　　　がつ　　　にち　　　　　　び

② 何時に バスていへ 行きますか。 ……　_____時_____分
　 なんじ　　　　　 い　　　　　　　　　　　じ　　　ふん

Q　ゆりさんは Cセットと さしみを 食べました。

けんさんは Aセットと てんぷらを 食べました。ふたりは コーヒーも 飲みました。

ぜんぶで いくらですか。　（　　　）

a　¥2,150　　　b　¥3,700　　　c　¥3,950　　　d　¥4,200

～ メニュー ～

Aセット　¥700 

Bセット　¥1000 

Cセット　¥1200 

サラダ	¥200
たまごやき	¥400
さしみ	¥800
てんぷら	¥1000
コーヒー	¥250

Q　男の人は どの 本を 買いますか。　（　　　）
　　おとこ ひと　　　　　 ほん　 か

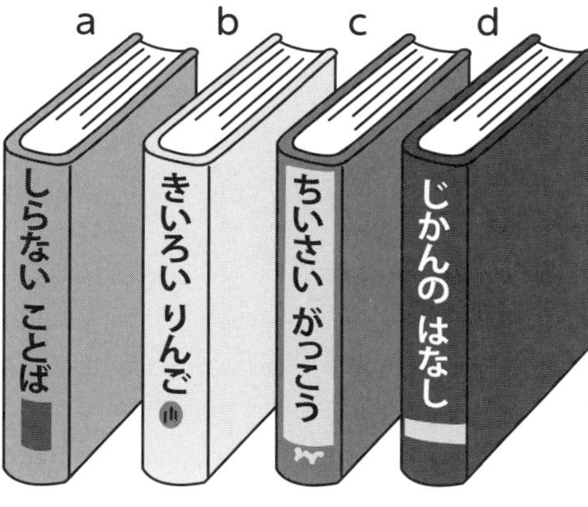

Day 13

みどり公園の 近くの カフェを しょうかいします！

① CAFE さくら ：公園の となりに あります。

　　　　　　　　はるは さくらが きれいです。

②みどりコーヒー：びょういんの むかいに あります。

　　　　　　　　コーヒーと チョコレートケーキを どうぞ！

③つなぐカフェ　：スーパーの むかいの はなやの となりです。

　　　　　　　　この カフェは いちごケーキが おいしいです。

Q　a〜dの どこですか。

①CAFEさくら（　　　　）　②みどりコーヒー（　　　　）　③つなぐカフェ（　　　　）

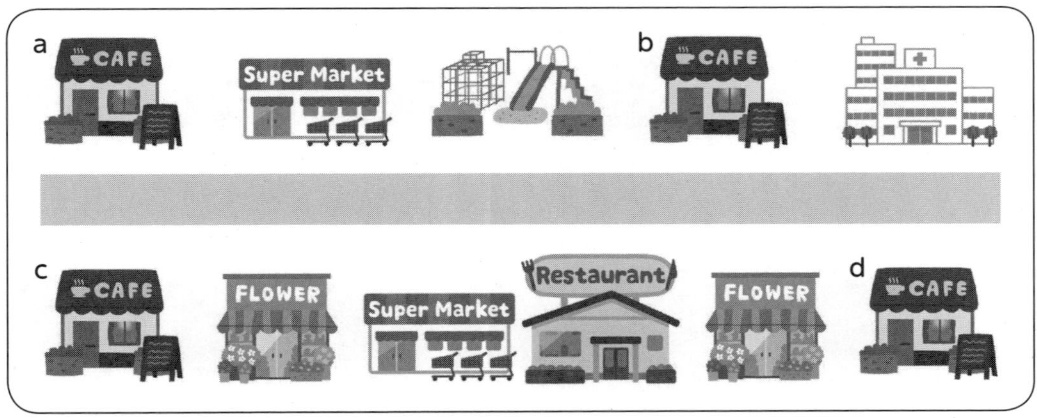

Day 14

Q

①二人は 今 どこに いますか。

山田さん：__________　　　　リさん　：__________

②山田さんは これから どこへ 行きますか。

____

＊＊ 日本語を 話しましょう ＊＊

「みどり町 としょかん」で 毎週 土曜日に 日本語の クラスが あります。休み時間に おちゃと おかしを どうぞ！

● 10：00 〜 10：40 【漢字】漢字を べんきょうしましょう。
● 11：10 〜 12：30 【会話】日本人と 話しましょう。

≪ おといあわせ ≫ みどり町としょかん　TEL 03-1103-XXXX

Q　日本語の クラスで 何を しますか。

全部 選んで ください。　（　　　　　　）

a 日本語の 本を よみます。　　　b 漢字の れんしゅうを します。

c 会話の れんしゅうを します。　d 日本語の うたを うたいます。

7月18日（土）

私は 土曜日と 日曜日が 休みです。金曜日の 夜は いつも 1時まで ゲームを します。でも、きのうは ゲームを しませんでした。10時 に ねました。そして、今日は 6時に おきました。午前中 プール へ 行きました。午後、としょかんで べんきょうしました。夜は うちで えいがを 見ました。とても いい 一日でした。

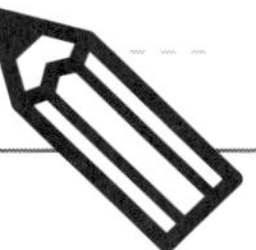

Q　〇ですか。×ですか。

① (　　　　) この 人は 今日 およぎました。

② (　　　　) この 人は 今日 えいがかんで えいがを 見ました。

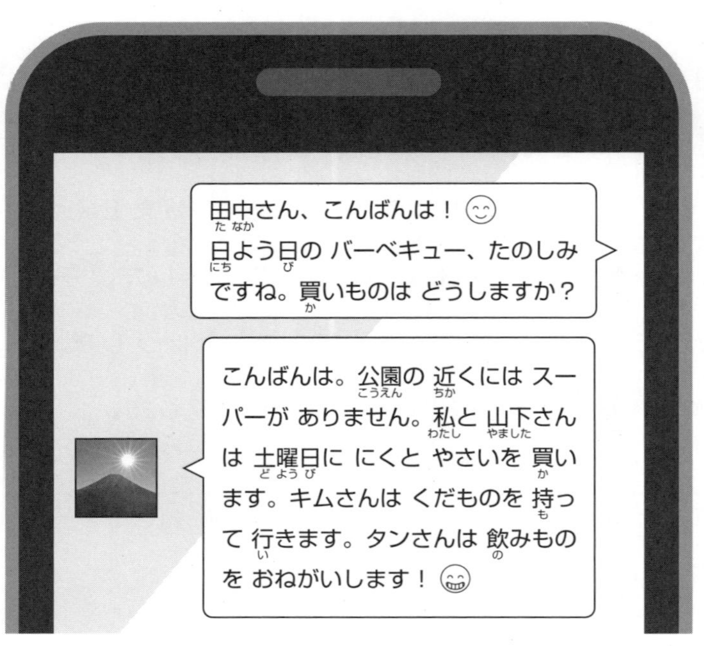

Q　何を 持って 行きますか。

①山下 さん＿＿＿＿＿＿＿＿　　②タンさん＿＿＿＿＿＿＿＿

③田中 さん＿＿＿＿＿＿＿＿　　④キムさん＿＿＿＿＿＿＿＿

Day 18

●7月 25日（土曜日）11：00 ～ 16：00

●¥2,700（すもう：¥2,000 ／おべんとう：¥700）

●学校から みどりホールへの バスが あります。（¥300）

●もうしこみ：6月 22日 ～ 30日（学校の 受付）

- - - - - - - - - - - - - - - ✂ - - - - - - - - - - - - - -

すもう もうしこみ

☑バスに のります ［クラス：__B__　名前：__キン　セイ__］

Q

①いつ 行きますか。……＿＿＿＿＿＿＿＿＿＿＿＿＿＿＿

②キンさんは バスで 行きます。ぜんぶで いくら かかりますか。

　　　　　……＿＿＿＿＿＿＿＿＿＿＿＿＿＿

📷 *TSUNAGRAM*

Kazu Tsukiji

5月19日 PM2:27　@ restaurant TSUNAGU

♡ 5　💬 2　➤

Kazu Tsukiji　友だちと いっしょに 駅前の 新しい レストラン
「TSUNAGU」へ ひるごはんを 食べに 行きました。ビビアンさ
んと 中田さんは ピザと プリンを 食べました。でも、私は コー
ヒーと （　　　　　　　　　　　） に しました。ぜんぶで ちょうど
¥1,000 でした！

Xi Chi　きれいなレストランですね！　　15 分前

Ai Ozawa　私も 行きたいです。　　1 時間前

Q　この 人の ひるごはんは 何でしたか。

コーヒーと ＿＿＿＿＿＿＿＿＿＿

✕ *Restaurant TSUNAGU BLOG* ✕

5月30日（金）PM03：37　**たらこスパゲッティーは イタリアの料理？**

子どもから お年よりまで みんなが すきな スパゲッティーは イタリアの
食べものです。でも、「たらこスパゲッティー」は 日本人の アイデアです。
たらこは 魚の たまごです。この スパゲッティーは ちょっと しおからい
です。"海の あじ" ですね。Restaurant TSUNAGU の
たらこスパゲッティーを ぜひ どうぞ！

Q　〇ですか。×ですか。

① （　　　　）たらこスパゲッティーは 小さい 魚の スパゲッティーです。

② （　　　　）たらこスパゲッティーは すっぱいです。

PICK UP

日本は　祝日が　多いです。1年間に　16日あります。3月、4月、7月、

8月、10月は　祝日が　1日です。1月、2月、9月、11月は　2日　あります。

そして、5月は　3日　あります。5月の　祝日は　5月3日、4日、5日の　連

休です。連休は　ほかにも　あります。1月、7月、8月、10月の　祝日は　月

曜日ですから、土曜日から　月曜日まで　連休です。連休には　たくさんの　人が

いろいろな　ところへ　出かけます。

(2020年10月現在)

Q　祝日が　ない　月は　いつですか。

____

祝日

11月						
日	月	火	水	木	金	土
		1	2	3	4	5
6	7	8	9	10	11	12
13	14	15	16	17	18	19
20	21	22	23	24	25	26
27	28	29	30			

Day 22

博多は 九州の 福岡県に あります。福岡空港から 地下鉄で 6分です。と

ても にぎやかな 町です。博多には おいしい 食べものが たくさん あります。

その 中で 博多ラーメンは 人気が あります。そして、博多の 近くに「太宰府

天満宮」が あります。ここは べんきょうの 神さまの 神社ですから、たくさ

んの 学生が 来ます。

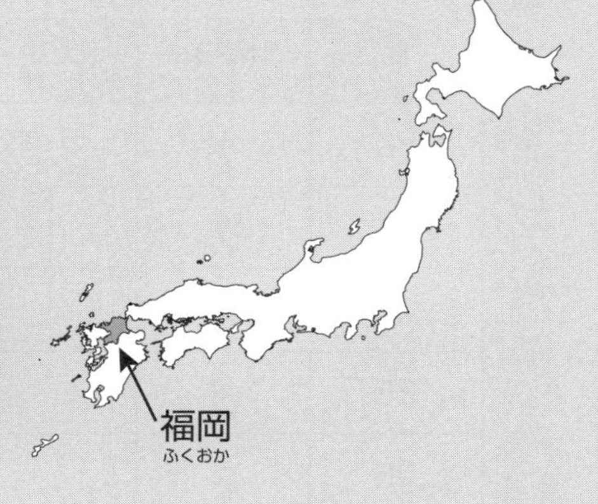

Q

①博多は どんな 町ですか。

……＿＿＿＿＿＿＿＿＿＿＿＿＿＿＿＿＿＿＿＿＿＿

②どうして 学生は「太宰府天満宮」へ 来ますか。

……＿＿＿＿＿＿＿＿＿＿＿＿＿＿＿＿＿＿＿＿＿＿

Q　中本さんは タイへ しゅっちょうします。
なかもと

前の 日までに 大川さんと 上木さんと 3人で ミーティングを したいです。
まえ　ひ　　　　おおかわ　　　　うえき　　　　にん

いつ しますか。　（　　　）

a　25日　　　b　26日　　　c　27日　　　d　28日
にち　　　　　　にち　　　　　　にち　　　　　　にち

日	曜日	大川	上木	本田	中本
にち	ようび	おおかわ	うえき	ほんだ	なかもと
20	水 すい	中国 ちゅうごく			
21	木 もく	↓			
22	金 きん	↓		インド	
25	月 げつ		休み やす	↓	
26	火 か			↓	
27	水 すい		ベトナム		
28	木 もく		↓		タイ
29	金 きん		↓		↓
2	月 げつ				↓
3	火 か	中国 ちゅうごく			↓
4	水 すい	↓			

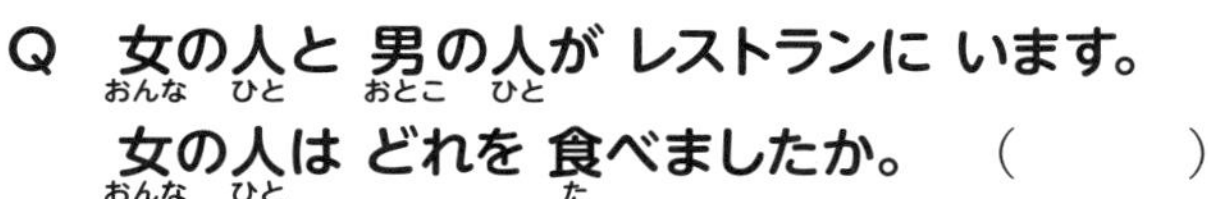

Q 女の人と 男の人が レストランに います。
　　<ruby>女<rt>おんな</rt></ruby>の<ruby>人<rt>ひと</rt></ruby>と <ruby>男<rt>おとこ</rt></ruby>の<ruby>人<rt>ひと</rt></ruby>

　　女の人は どれを 食べましたか。　（　　　）
　　<ruby>女<rt>おんな</rt></ruby>の<ruby>人<rt>ひと</rt></ruby>は どれを <ruby>食<rt>た</rt></ruby>べましたか。

　　a　Ａランチ　　　　b　Ｂランチ　　　c　Ｃランチ　　　d　Ｄランチ

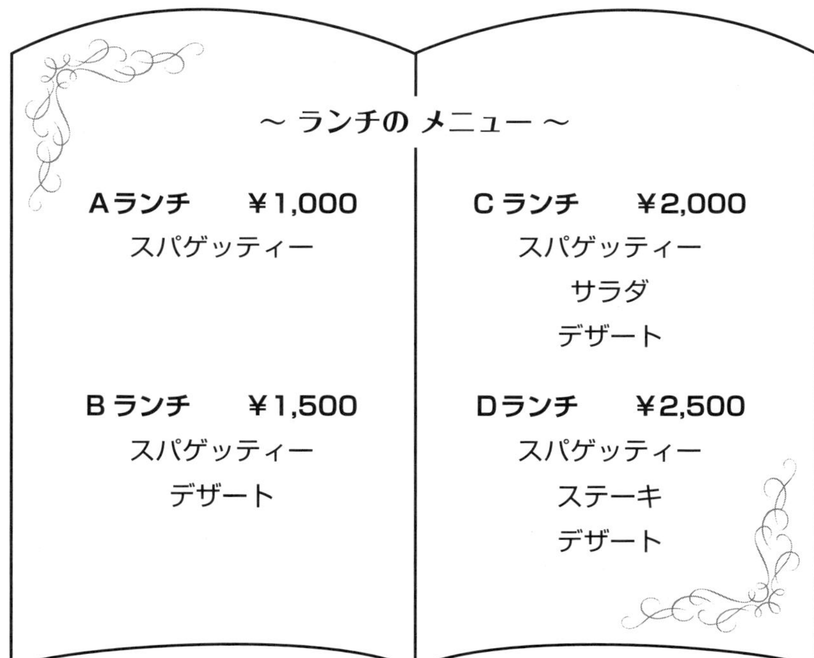

Day 25

四国には 4つの 県が あります。香川県、徳島県、高知県、愛媛県です。

一番 ひろい 高知県は「よさこい祭り」が ゆうめいです。四国

で 一番 小さい 県は 香川県です。うどんが とても おいしいで

す。愛媛県には とても いい 温泉が あります。「道後温泉」です。

そして、高知県の となりの 徳島県にも

ゆうめいな まつりが あります。「あわお

どり」です。

Q　ゆうめいな ものは a〜dの どれですか。

①香川県（　　）　②徳島県（　　）　③高知県（　　）　④愛媛県（　　）

a あわおどり	b 温泉	c うどん	d よさこい祭り

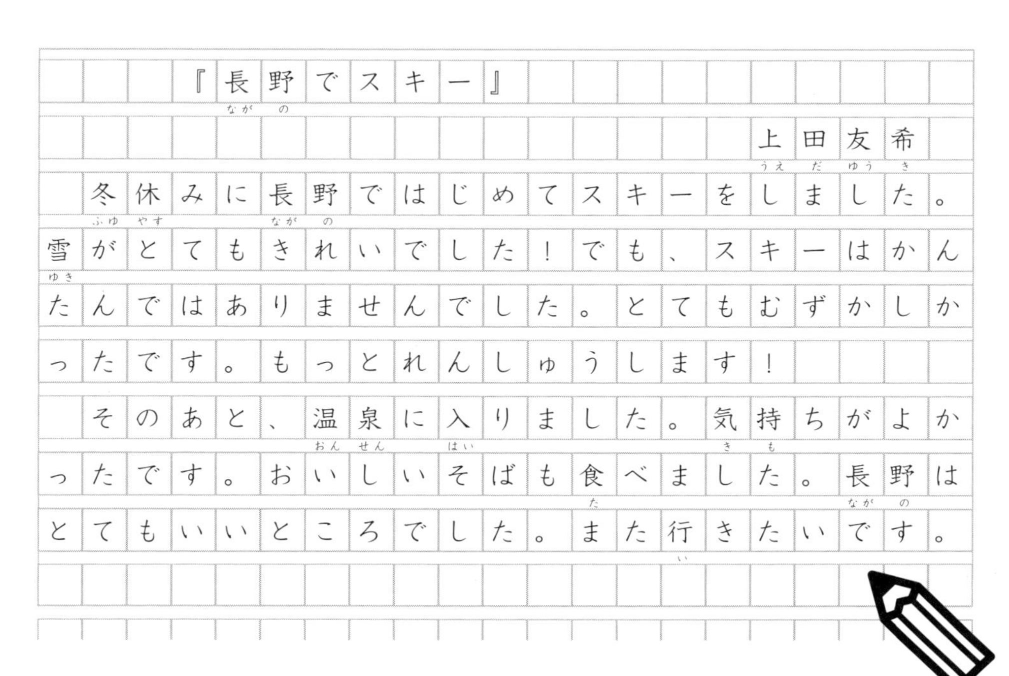

Q　この 人の 気持ちは どれですか。　（　　　）

a また スキーを したいです。でも、長野へ 行きたくないです。

b また 長野へ 行きたいです。でも、スキーは したくないです。

c また 長野へ 行きたいです。そして、スキーを したいです。

Day 27

　毎年 ８月に 高知県で「よさこい祭り」が ある。毎年 100万人ぐらいの 人が「よさこい祭り」を 見に 行く。とても ゆうめいな 祭りだ。

　この 祭りは、200 チーム、18,000 人ぐらいの 人たちが 道で「よさこい おどり」を おどる。この おどりは、みんなが「鳴子」を 右と 左の 手で 持つ。鳴子は「カチャッ！ カチャッ！」と 音が 出る 楽器だ。「よさこい祭り」は とても にぎやかだ。

Q　よさこい祭りは どれですか。　（　　　　）

a

b

c

Day 28

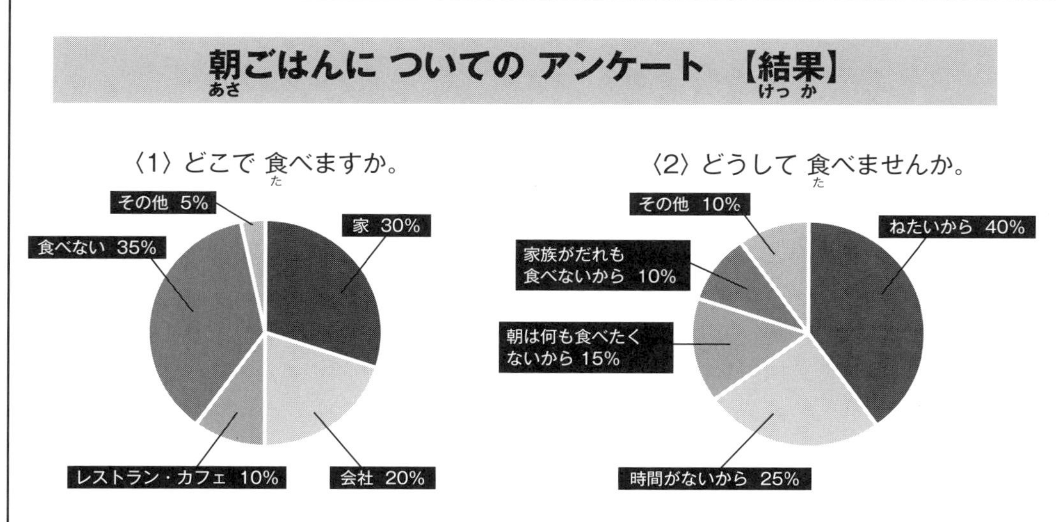

　　HA 社は みどり町の 男女 3,000 人の 会社員に「どこで 朝ごはんを 食べますか」と 聞きました。「家で 食べる」と「会社や レストランなどで 食べる」が 同じぐらいでした。そして、「何も 食べない」が 35％でした。理由は「ねたいから 40％」、「時間が ないから 25％」、「朝は 何も 食べたくないから 15％」、「家族が だれも 食べないから 10％」でした。

Q　○ですか。×ですか。

① (　　　　　) 半分ぐらいの 人が 家で 朝ごはんを 食べる。

② (　　　　　) 3,000人の 中の 40％が ねたいから 朝ごはんを 食べない。

日本は 小さい 国だが、南北に 長い。北と 南では 気温が ちがう。北の A市は 冬は とても 寒い。夏も あまり 気温が 高くないから、クーラーを つかわない。だから、90%ぐらいの 家に クーラーが ない。南の B市は 夏は 30℃、冬は 15℃ ぐらいだ。気温が 高い 日が 日本で 一番 多い C市は、東京の 近くに ある。35〜40℃の 日が 一年間に 40日ぐらい あるから、クーラーが ない 家は とても 少ない。

Q

① 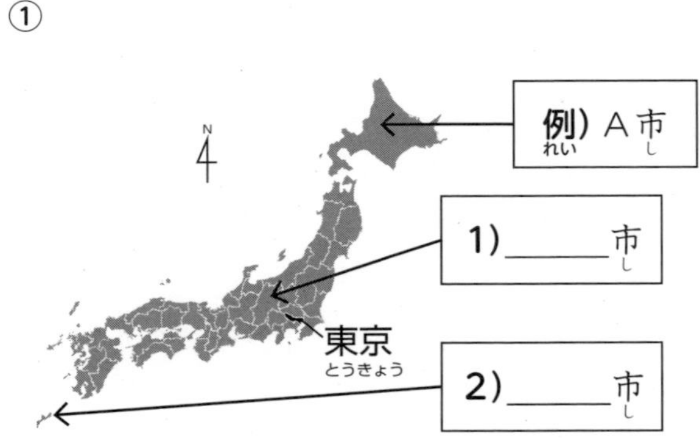

② 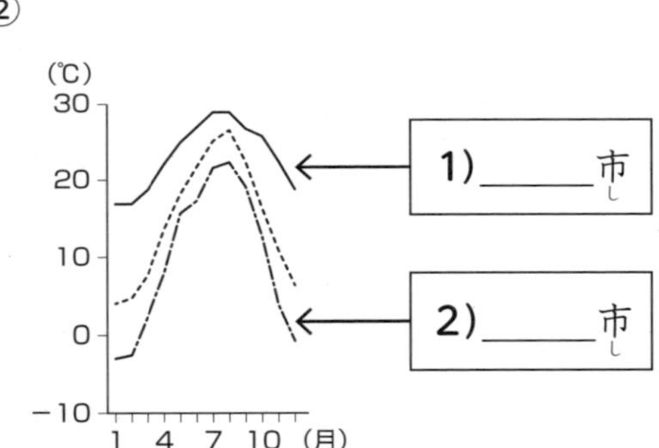

9月18日（金）

きのう 学校の 近くの 店で ネパール料理を 食べた。とても おいしかった。今日は その 店の となりの カラオケに 行った。キムさんと ラマさんは 日本の 歌を 歌った。マリーさんは 英語の 歌を 歌った。「タンさんも！」と みんなが 言った。でも、ベトナムの 歌が なかったから、何も 歌わなかった。今度は ぼくも 日本の 歌を 歌いたい。あしたから れんしゅうする。

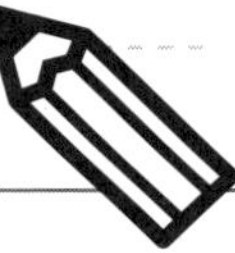

Q

①これは だれが 書きましたか。……＿＿＿＿＿＿＿

②この 人は 9月18日に 何を しましたか。

……＿＿＿＿＿＿＿＿＿＿＿＿＿＿＿＿＿＿＿

Q　「断捨離」は 何ですか。　（　　　）

a 新しい 部屋に ひっこすこと

b 使わない もの を 捨てる こと

c 部屋に ものが たくさん ある こと

本の 借り方
ほん　　　か　　かた

本を 借りる 人は、借りたい 本と「図書館カード」を 受付に 持って 来て ください。本は 5冊までです。はじめて 借りる 人は、受付で カードを 作りますから、申込書を 出して ください。申込書は 受付に あります。名前と 住所を 書いて ください。図書館の 本は みんなの 本です。本に 何も 書かないで ください。大切に 読みましょう。

Q　本を はじめて 借ります。どの 順番で しますか。

（　　　）→（　　　）→（　　　）→（　　　）

a カードと 本を 受付に 持って 行く。

b カードを もらう。

c 申込書に 名前と 住所を 書く。

d 申込書を 受付に 出す。

📷 *TSUNAGRAM*

Yumi Aoyagi

7月28日 PM0:05　@あおぞらビーチ

♡ 7　💬 2　✈

Yumi Aoyagi　友だちと　泳ぎに　来ました！　海が　とても　きれいです。午前中、2時間ぐらい　サーフィンを　しました。そして、今、バーベキューを　して　います。大川さんは　一人で　みんなに　肉を　焼いて　います。とても　おいしいです。でも、高田さんと　山口さんは　まだ　海に　います。

Takashi Mori
ぼくも　バーベキュー、食べたい！　　　　　　　10分前

Mana Kotani
あ！　山口さんが　サーフィンを　して　いますね！　5分前

Q　a〜eの　どの　人ですか。

①高田さん（　　　　）　　②山口さん（　　　　）　　③大川さん（　　　　）

さくら公園の ルール
こうえん

・自転車は 駐輪場に 止めて ください。中で のらないで ください。
じてんしゃ ちゅうりんじょう と なか

・あぶないですから、ボールで あそばないで ください。

・火を 使っては いけません。
ひ つか

・おべんとうの ゴミは 持って 帰りましょう。
も かえ

・公園の 木や 花を 大切に しましょう。
こうえん き はな たいせつ

みどり市 公園課　電話：06-6864-XXXX
し こうえんか でんわ

Q　この 公園で しても いい ことは 何ですか。　（　　　）
こうえん なん

a バスケットボールを する こと

b おべんとうを 食べる こと
た

c バーベキューを する こと

Q　午前 10時10分に 学校を 出て、美術館へ 行きます。
　　バスと 電車は 500円までで、11時までに 行きたいです。
　　どうやって 行きますか。　（　　　　）

a

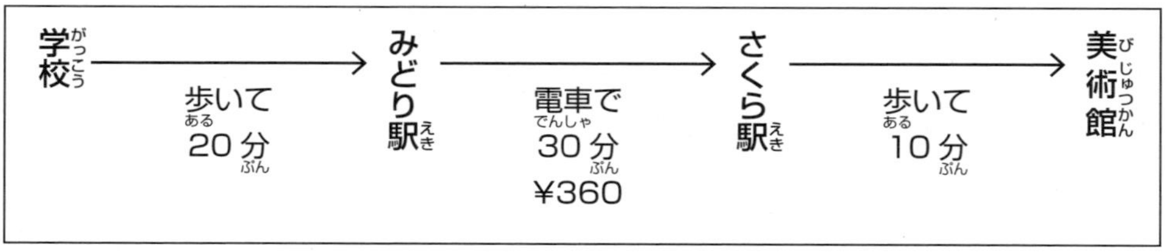

| 学校 | → 歩いて 20分 | みどり駅 | → 電車で 30分 ¥360 | さくら駅 | → 歩いて 10分 | 美術館 |

b

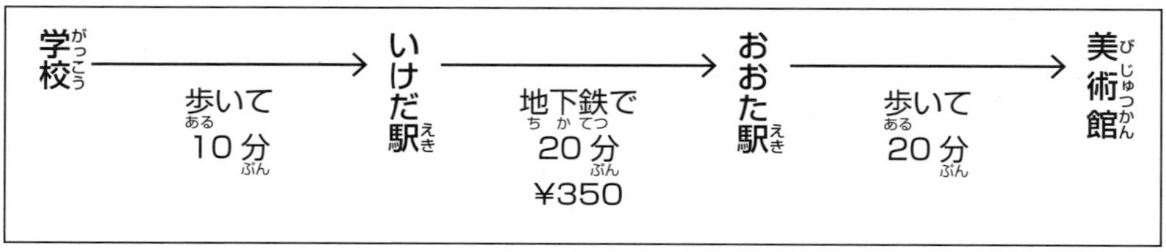

| 学校 | → 歩いて 10分 | いけだ駅 | → 地下鉄で 20分 ¥350 | おおた駅 | → 歩いて 20分 | 美術館 |

c

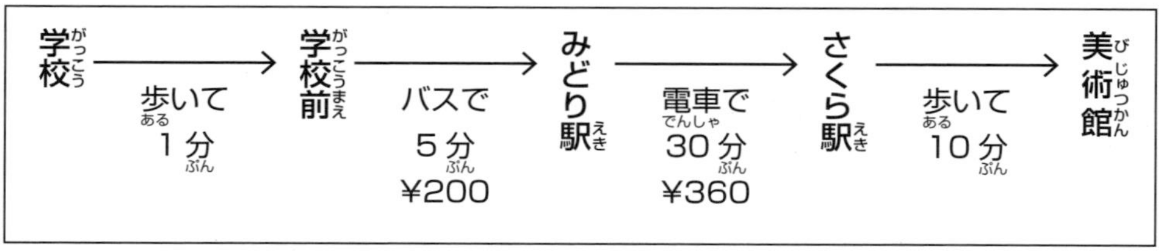

| 学校 | → 歩いて 1分 | 学校前 | → バスで 5分 ¥200 | みどり駅 | → 電車で 30分 ¥360 | さくら駅 | → 歩いて 10分 | 美術館 |

d

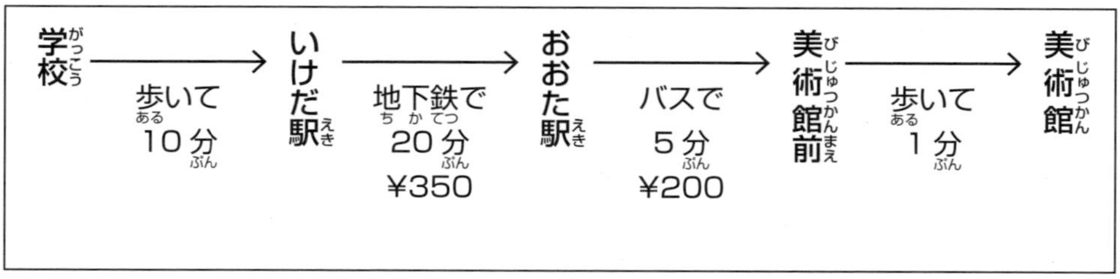

| 学校 | → 歩いて 10分 | いけだ駅 | → 地下鉄で 20分 ¥350 | おおた駅 | → バスで 5分 ¥200 | 美術館前 | → 歩いて 1分 | 美術館 |

Q　女の人と 男の人が ネットショッピングの サイトを 見て います。
　　おんな　ひと　　おとこ　ひと　　　　　　　　　　　　　　　　　　　　み

　　二人の 買い物は 全部で いくらですか。　（　　　　）
　　ふたり　か　もの　ぜん ぶ

a　　¥20,000　　b　　¥70,000　　c　　¥100,000　　d　　¥130,000

Dクラス　ルーさん

夏休みの　ホームステイの　説明書と　申込書です。説明書を
よく　読んでから、申込書を　書いて　ください。申込書は　金
曜日の　午後　6時までに　受付の　山川さんに　出して　くださ
い。青い　めがねを　かけて　いる　男の　人です。わからない
ことは　山川さんに　聞いて　ください。

学生課　東田

Q　ルーさんは　この　後、はじめに　何を　しますか。　（　　　）

a　ホームステイを　する。

b　申込書を　出す。

c　説明書を　読む。

d　山川さんに　聞きに　行く。

📷 *TSUNAGRAM*

azusaHAASK0408

投稿 8件　　フォロワー 3人　　フォロー 12人

高田あずさ（Azusa Takada）

去年まで ベトナムに 留学して いました。今年 結婚して、今は 東京で ベトナム料理レストラン「シン チャオ」を 経営して います。安くて おいしいですよ！ 趣味の 旅行と 店の 写真を アップします。見て くださいね！

Q　〇ですか。×ですか。

① (　　　　) この 人は ベトナムで 勉強して います。

② (　　　　) この 人は 東京へ ベトナム料理を 食べに 行きました。

みどり市 GUIDE　みどり市の 公園を 紹介します。

●さくら公園
広くて みどりが 多い 公園です。ジョギング の コースも あります。

●つなぐ公園
駐車場は せまいです が、駅から 歩いて 5分 です。となりに 美術館 が あります。

●みどり公園
バーベキューの エリア が あります。公園事務 所で 予約して ください。

Q　どの 公園の 地図ですか。

①さくら公園　（　　　　）　　②つなぐ公園　（　　　　）　　③みどり公園　（　　　　）

a

b

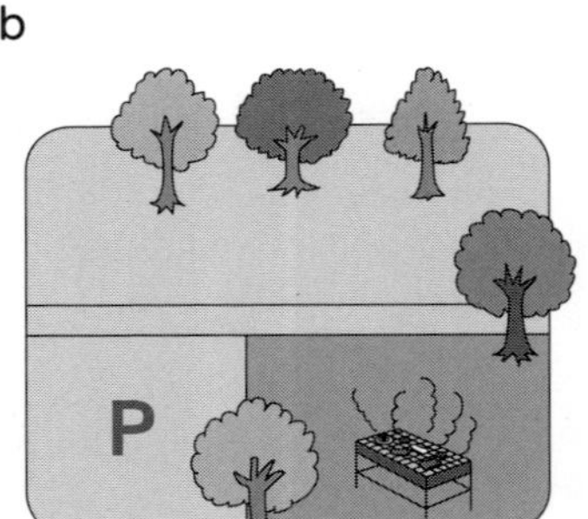

c

Day 40

日本では バレンタインデーに 女の人が 好きな 人に チョコレートを あげます。この チョコレートは「私は あなたが 好きです。あなたの 恋人に なりたいです」という メッセージです。チョコレートを もらった ときは とても うれしいですね。でも、ちょっと 待って ください。「友チョコ」も あります。これは「あなたは 私の いい 友だちだよ。これからも よろしく」という メッセージです。チョコレートを もらった とき、その チョコレートの 意味を よく 考えましょう。

Q　〇ですか。×ですか。

①（　　　　）日本では バレンタインデーに 女の人だけが チョコレートを もらいます。

②（　　　　）バレンタインデーの チョコレートの 意味は 一つでは ありません。

******** TO DO LIST ********

a□ 会議の 資料を メールで 送る。

b□ 去年の 発表会の データを 見て、会議の 資料を 作る。

c□ 作った 資料を 金曜日 午後3時までに 課長に チェックして もらう。

d□ リさんに 去年の 発表会の データを コピーして もらう。

e☑ 会議室を 予約する。（来週 火曜日2時〜4時）

Q　どの 順番で やりますか。

（ e ）→（ 　 ）→（ 　 ）→（ 　 ）→（ a ）

高校生、迷子の 女の子を 交番へ　みどり市
こうこうせい　まいご　　おんな　こ　こうばん　　　　し

昨日、午後5時ごろ、「3歳の 娘が いない」と
きのう　ごご　じ　　　　　　さい　むすめ
家族から 警察に 連絡が あった。その後 高校生
かぞく　　けいさつ　れんらく　　　　　　　ご　こうこうせい
が 女の子を 交番に 連れて 来て、女の子は ぶ
おんな　こ　こうばん　　つ　　き　おんな　こ
じに 家に 帰った。
いえ　かえ
みどり高校の 南 公太さん（16）と 高田ゆな
こうこう　みなみこうた　　　　　　たか だ
さん（15）は「小さい 女の子が 学校の 前で 一人で 泣いて いて、びっく
ちい　おんな　こ　がっこう　まえ　ひとり　な
りした。車が 多い 道だから、心配だった」と 話した。女の子の 家族は
くるま　おお　みち　　　　しんぱい　　　　はな　おんな　こ　かぞく
「交番へ 連れて 行って いただいて、本当に ありがとうございました。娘
こうばん　つ　　い　　　　　　ほんとう　　　　　　　　　　　　　むすめ
と お礼に 行きます」と 話して いる。
れい　い　　　　　　はな

Q

①だれが 交番へ 連れて 行きましたか。……　______________________
　　　こうばん　つ　　い

②だれが お礼に 行きますか。……　______________________________
　　　れい　い

Day 43

電子レンジ COOKING

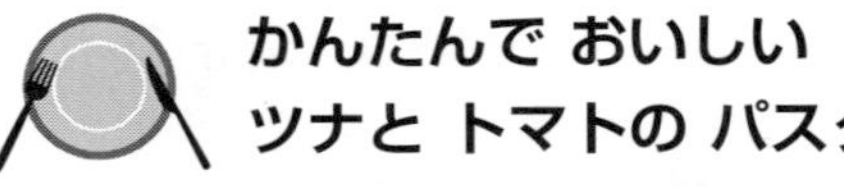

材料：スパゲッティー（200g）
ざいりょう

トマト（缶詰１つ）
かんづめ

ツナ（缶詰１つ）
かんづめ

水（200cc）
みず

①スパゲッティーを 半分に 折ります。
はんぶん　お

②大きい お皿に 水と、スパゲッティー、トマト、ツナ、塩を 入れます。
おお　　さら　みず　　　　　　　　　　　　　　　　　　　　しお　い

③少し まぜて、上に ラップを します。
すこ　　　　　うえ

④電子レンジ 500 Wで 15分ぐらいです。5分ぐらいで 一度 出して、
でんし　　　　　ワット　　　　ふん　　　　　　　ふん　　　　　いちど　だ
まぜて ください。

Q どの 順番で 作りますか。　（　　　）→（　　　）→（　　　）→（　　　）
じゅんばん　つく

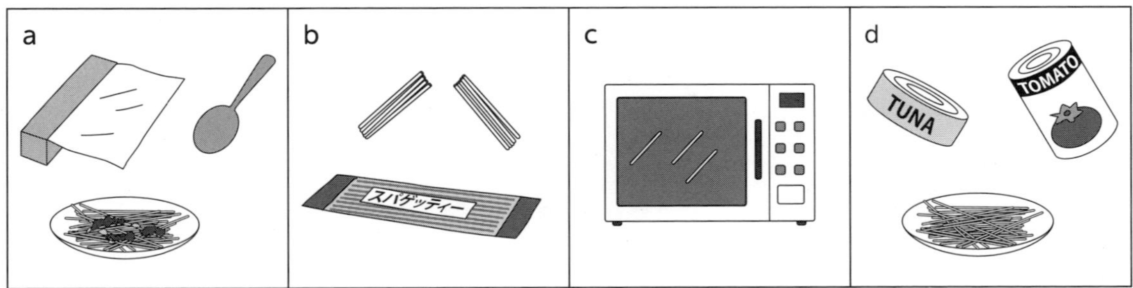

PICK UP

日本には 温泉が 3,000 以上 あります。45℃ぐらいの 熱い 温泉や、37〜40℃ぐらいの あまり 熱くない 温泉が あります。温泉に ゆっくり 入ると、リラックスできます。病気や けがが よく なる ことも あります。

温泉に 入る 前に 体を 洗って ください。タオルは お湯に 入れないで ください。温泉に 入った ときは 楽しいですが、温泉の 中で 泳いでは いけません。温泉には たくさんの 人が 入りますから、入り 方に 気を つけましょう。

Q 温泉で しては いけない ことは どれですか。

全部 選んで ください。 （　　　　　　　　）

a お湯の 中で 体を 洗う。　　　b 泳ぐ。

c お湯の 中で タオルを 使う。　　d ゆっくり 入る。

Q

①テレビに 出る 人は だれですか。…… ___________________

②「今晩、聞いて みるね」は、だれが だれに 聞きますか。

…… _______________________________

「ワンワン」「ニャーニャー」「モーモー」「ガオー」…。

これは 動物の 鳴き声です。何の 動物でしょうか。日本では 犬の 鳴き声は「ワンワン」と 表します。「ニャーニャー」と 鳴く 動物は ねこ、「モーモー」は 牛、「ガオー」は ライオンです。では、キリンの 鳴き声は どうでしょうか。キリンは あまり 鳴かないので、知らない 人も 多いでしょう。実は キリンは 牛の 仲間なので、牛と 同じ 鳴き声なのです。聞いて みたいですね。

Q　日本では キリンの 鳴き声を どう 表しますか。＿＿＿＿＿＿＿＿

Q　今田さんは 今度の 日曜日に 家族 みんなで いちごがりに 行きます。
今田さんと 奥さん、そして、来年 小学校に 入る 男の子と 去年 生まれた
女の子です。全部で いくら かかりますか。　（　　　　）

a　￥1,600　　　b　￥1,900　　　c　￥2,400　　　d　￥2,600

ご予約は　0282-27-XXXX まで

【料金（30 分間）】
大人（中学生〜）　1,000 円
小学生　　　　　　 800 円
子ども（3〜6 歳）　500 円
0〜2 歳　　　　　　100 円

つなぐファーム
つなぐ市みどり町 2-3
https://tsunagu-farm.jp/xxxx

Q　デパートで 男の人と 女の人が 話して います。

　　二人は この 後、どこへ 行きますか。　（　　　）

a　地下１階　　　b　１階　　　c　３階　　　d　５階

ツナグデパート
クリスマス プレゼント チケット

ツナグデパートでの お買い物、ありがとうございます。
みなさまに プレゼントを ご用意しました。
クリスマスプレゼント 受付カウンターに ぜひ どうぞ！

５階カウンター	カードゲーム
３階カウンター	ネクタイ
１階カウンター	アクセサリー
地下１階カウンター	ワイン

みなさん、ご入学 おめでとうございます！
先輩から みなさんへ
メッセージです。

2年B組
ペトロ コスタさん
（ブラジル）

　私が いいと 思う 勉強の やり方は、日記を 書く ことです。これ は 友だちと いっしょに やると いいです。

　日記を 書いて、次の 日に 友だちに 読んで もらいます。私も 友だちの 日記を 読みます。読んだら、私が 思った ことを 友だちの 日記の 下に 書きます。そして、友だちの 日記には 私が 知らない ことばが ありますから、それを 覚えて、作文や 会話で 使って みます。

　私は この やり方で 楽しく 勉強して います。みなさんも やって みませんか。

Q　どの 順番で やったら いいですか。

（　　　）→（　a　）→（　　　）→（　　　）→（　　　）

a　友だちに 自分の 日記を わたして、友だちの 日記を 受けとる。

b　友だちの 日記の 下に 自分が 思った ことを 書く。

c　友だちの 日記を 読む。

d　友だちに 日記を 返して、自分の 日記も 返して もらう。

e　日記を 書く。

はいさい FESTIVAL

■HAホール（東京都新宿区）
■7月2日（日）18：30〜
■チケット：1,500円（定員300名）
■食べ物や ことばなどの 沖縄の 文化を 紹介します。
沖縄音楽の 人気バンド「うちなーず」の コンサートと ダンス グループ「しんか」の みなさんの 沖縄の おどりも 楽しんで ください。5名様に 沖縄旅行の プレゼントも あります！

Q　何の イベントですか。　（　　　）

a　沖縄の 料理を 食べる イベント

b　沖縄の 文化を 楽しむ イベント

c　みんな いっしょに 沖縄の ダンスを する イベント

d　沖縄へ 旅行する イベント

Day 51

8月25日（木）AM06：45　**夏休みは 北海道で TOURING**

おととしは 九州、去年は 四国、そして 今年の 夏休みは 自転車で 北海道を 走りました！ 一週間の 中で 3日 雨が 降って たいへんでしたが、おいしい ものを 食べたり、きれいな けしきを 見たりして、はじめての 北海道は 本当に 楽しかったです。でも とても 広くて、まだ 行きたい 所が たくさん あるので、来年の 夏休みも また 行こうと 思って います。

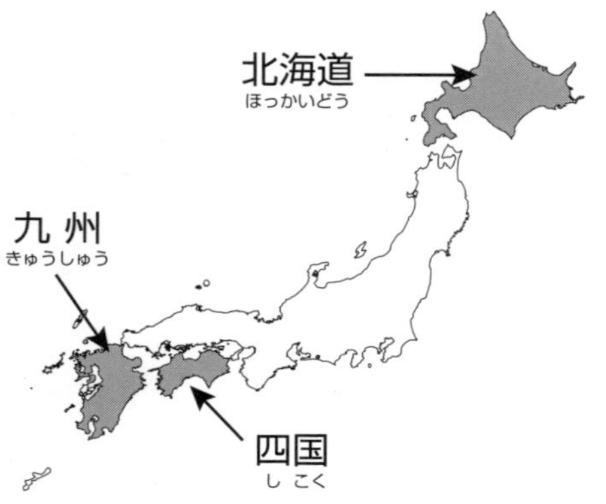

Q　〇ですか。×ですか。

① （　　　　） この 人は 今年 7日間 北海道へ 行きました。

② （　　　　） この 人は 来年 また 九州へ 行こうと 思って います。

Q　どちらですか。

①ツナGは （a　薬です／b　薬では ありません）。

②ツナGを 飲んだら、（a　あたたかく なります／b　ねむく なります）。

Day 53

悩み相談

私の 恋人は 中国人です。結婚の 約束も しました。でも、その 人は 中国の 会社に 就職が 決まりました。来月 帰国します。恋人は「一緒に 行こう」と 言いますが、私は 中国語が できません。中国には 友だちも いません。「中国に 住めば 友だちは できる。中国語も 練習すれば 上手になる」と みんな 言いますが、私は 心配です。どうすれば いいでしょうか。

（28歳 会社員）

【カウンセラー：前川公一先生】

むずかしい 問題ですが、恋人と 家族と よく 話して みて ください。まず、中国語を 勉強して みたら どうですか。

Q 〇ですか。×ですか。

①（　　　　）相談を して いる 人の 恋人は、中国の 会社で 働きます。

②（　　　　）相談を して いる 人は、中国に 住めば 友だちが できると 思って います。

Day 54

フラミンゴは ピンク色の きれいな 鳥ですが、あなたは 白い フラミンゴ を 見た ことが ありますか。実は、この 鳥は 生まれた とき、白いのです。フラミンゴは 藻（水の 中の 草）を 食べて います が、これには βカロチンが 入って います。βカ ロチンは にんじんや とうがらしにも 入って いる 赤い 色の もので、これが フラミンゴの 体に 入る と、体が 赤く なるのです。ピンクの フラミンゴ も βカロチンが ない ものを 食べて いたら、だん だん 白く なるのです。

Q ○ですか。×ですか。

① （　　　　） フラミンゴは はじめは みんな 白いです。

② （　　　　） ピンク色の フラミンゴは 藻を 食べたら、だんだん 白く なります。

動物の オス（男）と メス（女）の 数は だいたい 1：1に なりますが、今、ウミガメの オスが 少なく なって います。2017年に オーストラリアで 調べた ときは、ウミガメの 99パーセントが メスでした。これは 地球の 温度が 高く なって いるからです。ウミガメは 卵の 中に いる とき、まわりの 場所の 温度で オスか メスかが 決まります。温度が 高ければ メス、低ければ オスです。地球の 温度が これから もっと 上がったら、オスの ウミガメは 生まれなく なります。そして、ウミガメは この 地球から いなく なって しまうでしょう。

Q　〇ですか。×ですか。

①（　　　　）卵の 中に いる とき、暑かったら、オスは 死んで しまいます。

②（　　　　）地球の 温度が これからも 上がったら、ウミガメは いなく なるでしょう。

テレビや スマホを 見ながら、勉強は できませんね。では、音楽は どうでしょうか。好きな 音楽を 聞いたら リラックスできるから、音楽を 聞きながら 勉強する ことは いいと 思う 人も いるでしょう。でも、勉強する ときは、静かな 場所が いいのです。

勉強を 始めたら すぐに 疲れて しまう 人は、海や 川や 木の 葉などの 音を 聞きながら、勉強して みて ください。自然の 音を 聞きながら 勉強したら、リラックスできて、いいですよ。

Q　〇ですか。×ですか。

①（　　　　）勉強する ときは、何も 聞いては いけません。

②（　　　　）海や 川の 音を 聞きながら 勉強すると、リラックスできます。

■練習 問題の ご案内
（れんしゅうもんだい　　あんない）

この 教科書には 練習 問題が あります。パソコンを 使う 方は ホームペー

ジから ダウンロードが できます。スマートフォンを 使う 方は 「HASK」ア

プリから ダウンロードが できます。

（「HASK」の 使い 方の 説明も ホームページに あります。）

ダウンロードの パスワードは H200915RS です。

【公式ホームページ】　http://www.haskxx.com/rensyu1

Q　〇ですか。×ですか。

① （　　　　　） アプリが なければ、スマートフォンで 問題が ダウンロードできません。

② （　　　　　） パソコンで 問題を ダウンロードする とき、パスワードを 使いません。

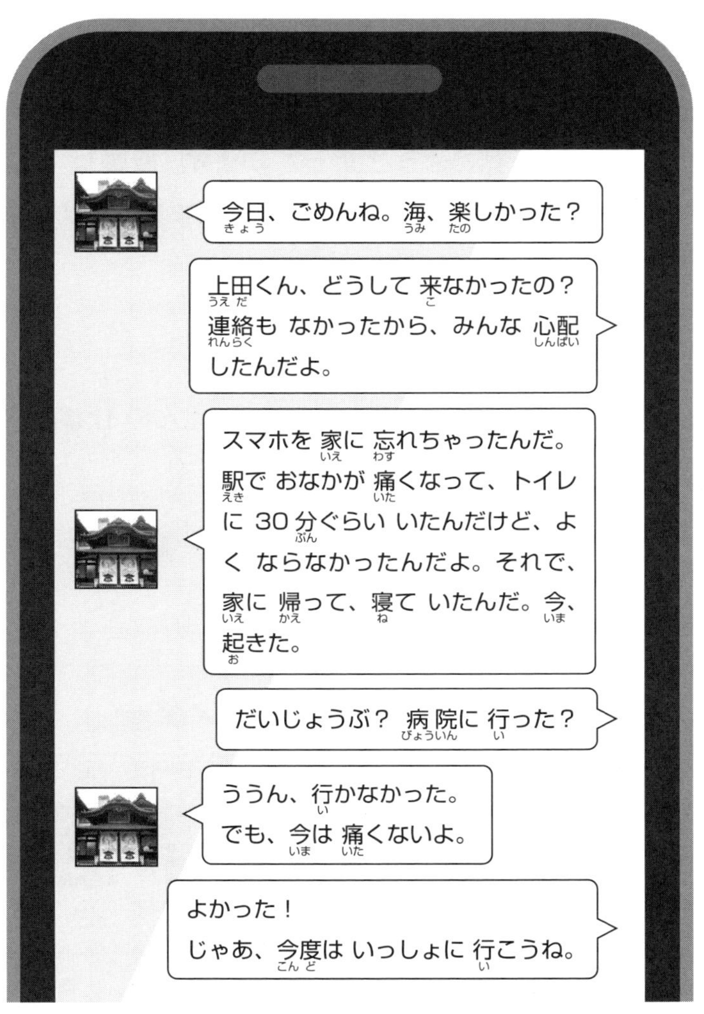

Q1 上田くんは どうして 来ませんでしたか。 （　　　）

a 連絡を しなかったから

b スマホを 忘れたから

c おなかが 痛かったから

d 今 起きたから

Q2 「今度は いっしょに 行こうね」は、いっしょに どこへ 行きますか。

____

Q　どの クラスが いいですか。

①大学生の 上田さんは ヨガを 始めようと 思って います。授業は 平日 午前 9時から 午後 5時までです。週末は 午前 11時から 午後 8時まで アルバイトです。　（　　）

a　水曜日・夜　　　　　　b　木曜日・午後

c　土曜日・午前　　　　　d　日曜日・夜

②中村さんは 将棋を 習いたいと 思って います。中村さんの 仕事は 午後 4時から 午後 11時までです。休みは 火曜日と 水曜日です。　（　　　　）

a　月曜日・午後　　　　　b　木曜日・夜

c　金曜日・午前　　　　　d　土曜日・夜

つなぐカルチャーセンター

	月	水	木	金	土	日
10：30 〜 12：00	パソコン	書道	バレエ	将棋	ヨガ	英会話
16：30 〜 17：30	将棋	英会話	ヨガ	パソコン	書道	バレエ
19：00 〜 20：30	英会話	ヨガ	将棋	書道	将棋	ヨガ

● 毎週 1回（一か月 4回）　　● 一か月 10,000 円
● 16：30 〜 17：30 は 小学生の クラス　　※火曜日定休

Q　女の人と 男の人が 料理教室の パンフレットを 見て います。
　　おんな ひと　おとこ ひと　りょうり きょうしつ　　　　　　　　　　　　み
　　女の人が 入ろうと 思って いる クラスは どれですか。　　（　　　）
　　おんな ひと　はい　　　　おも

a　和食 ①　　　b　和食 ②　　　c　洋食 ①　　　d　洋食 ②
　　わしょく　　　　　　わしょく　　　　　　ようしょく　　　　　　ようしょく

 つなぐ料理教室 
りょうり きょうしつ

和食 ① わしょく	土 ど	14：00 ～ 16：00	かんたんな 料理を 練習する りょうり　れんしゅう クラスです。
和食 ② わしょく	金 きん	17：00 ～ 19：00	お正月など、特別な ときの しょうがつ　とくべつ 料理を 作る クラスです。 りょうり　つく
洋食 ① ようしょく	水 すい	19：00 ～ 21：00	いろいろな 国の 料理と くに　りょうり デザートを 作ります。 つく
洋食 ② ようしょく	土 ど	10：00 ～ 12：00	ピザや スパゲッティーなど イタリア料理を 練習します。 りょうり　れんしゅう

敬老会 ～これからもどうぞお元気で！

9月16日の敬老の日にみどり市ホールで敬老の日のお祝い会がありました。今年はみどり市の80歳以上の方が35人いらっしゃいました。みなさんはみどり小学校の子どもたちのダンスをごらんになった後、子どもたちといっしょにお茶とお菓子をめしあがりました。山田一男さん（82歳）は「毎年、敬老会を楽しみにしています。今日は子どもたちから元気をもらいました。うれしかったです。」とおっしゃっていました。

Q　山田さんはどうしてうれしかったのですか。　（　　　）

a　敬老会が楽しかったから

b　子どもたちがお祝いしたから

c　お茶とお菓子がおいしかったから

d　子どもたちにプレゼントをもらったから

鈴木さん
（すずき）

お疲れさまです。明日から３日間タイへ出張しますので、
（つか）　　　（あした）　　　　　　　　（しゅっちょう）

今日はお先に失礼します。すみませんが、部長が明日の午
　　（さき）（しつれい）　　　　　　　　　　（ぶちょう）（あした）

後Ａ社での会議にご出席になるので、お出かけになる前に
　　　　　（かいぎ）（しゅっせき）

私の机の上にある資料をわたしていただけませんか。ご出
（わたし）（つくえ）　　　（しりょう）　　　　　　　　　　　　　　（しゅっ）

発は１時半の予定なので、15分前にタクシーを呼んでくだ
（ぱつ）　　　（よてい）　　　　　　　　　　　　　（よ）

さい。よろしくお願いします。　　　　　　　　　　坂井
　　　　　（ねが）　　　　　　　　　　　　　　　　　（さかい）

Q　鈴木さんがすることはどれですか。全部選んでください。　（　　　　　）
　（すずき）　　　　　　　　　　　　　　　　　（ぜんぶえら）

a　タイへ出張する。　　　　b　Ａ社での会議に出席する。
　　　（しゅっちょう）　　　　　　　　　　　　（かいぎ）（しゅっせき）

c　会議の資料をわたす。　　d　１時半に出発する。
　（かいぎ）（しりょう）　　　　　　　　　　　（しゅっぱつ）

e　タクシーを呼ぶ。
　　　　　　（よ）

つなぐ食品「わさびラーメン」をお買い上げいただきまして、ありがとうございました。「わさびラーメン」の味はいかがでしたでしょうか。

今、つなぐ食品のホームページのアンケートに答えていただいた方全員に、新商品「チーズラーメン」を差し上げております。私たちはお客様のご意見をいただいて、もっといい商品を作りたいと考えております。よろしくお願いいたします。

つなぐ食品【当社HP】https://www.tsunagushokuhin.com

Q　何をお願いしていますか。　（　　　　）

a　「わさびラーメン」を買うこと　　b　アンケートに答えること

c　「チーズラーメン」をあげること　　d　もっといい商品を作ること

TNG スポーツ　会員様（かいいんさま）　ご招待（しょうたい）

いつも TNG スポーツでお買い物（か もの）をしていただき、ありがとうございます。冬（ふゆ）のセールは来年 1 月 2 日(木)からですが、その前に、特別（とくべつ）なお客様（きゃくさま）だけのスペシャルセールをいたします。12 月 26 日（木）・27 日（金）の 2 日間、レジでこのチケットをお見せください。どの商品（しょうひん）も 50％オフになります。たくさんの商品（しょうひん）をご用意（よう い）して、お客様（きゃくさま）をお待（ま）ちしています。

Q　〇ですか。×ですか。

① （　　　　　） このチケットがあれば、1月2日から買い物（か もの）ができます。

② （　　　　　） このセールでは、特別（とくべつ）な商品（しょうひん）が安くなります。

③ （　　　　　） このチケットをもらった人は、TNG スポーツの会員（かいいん）です。

ボールを使うスポーツはいろいろありますが、タスポニーを知っている人は少ないでしょう。これは 1981 年に日本で生まれたスポーツで、テニスとバレーボールに似ています。タスポニーのボールはバレーボールよりちょっと小さくて、とても軽くてやわらかいです。コートの真ん中のネットは、テニスと同じぐらいの高さです。やり方もテニスと同じで、相手が打ったボールを相手のコートに打ち返しますが、ラケットは使いません。とてもかんたんで安全なスポーツなので、小さい子どもからお年寄りまで、みんな楽しむことができます。

バレーボール

テニス

タスポニー

Q　タスポニーはa〜cのどれですか。　（　　　　）

Day 66

最近「趣味はゲームだ」と言う人が多い。ゲームの世界はとてもすばらしくて、時間を忘れてしまうのだろう。「1時間だけゲームをやるつもりだったのに、疲れて時計を見たら3時間も遊んでしまっていた…」と、ゲームが好きな人からよく聞く。ゲームは楽しいが、それが生活の一番大切なことになってしまったら、たいへんだ。夜寝る時間が短くなって仕事や勉強のときに眠くなったり、やらなくてはいけないことを忘れたりして、いいことは何もない。ゲームがやめられない人は、まず、ゲームをした時間を毎日ノートに書いてみたらどうか。自分がゲームに使っている時間を知れば、きっと考えが変わるだろう。

Q これを書いた人（筆者）が一番言いたいことは何ですか。　（　　　　）

a　ゲームはしないほうがいい。

b　ゲームに使っている時間を知ったほうがいい。

c　ゲームをするときは時間を忘れたほうがいい。

d　ゲームをする時間を決めたほうがいい。

TSUNAGU DENKI　ONLINE SHOP

キーワードから探す

今週のおすすめ商品　『一家に一台！充電器』

台風や地震のとき、電気が止まることがあります。パソコンや携帯電話の充電がなくなってしまったら、だれにも連絡できなくなって、本当に困ってしまいます。そんなとき、こちらの商品が便利です。これはパソコンや携帯電話を充電するのに使うものです。このパネルを開いて明るいところに置くと、電気を作ることができます。これに携帯電話やパソコンをつなげば、充電できるのです。強い太陽の光があるところがいいですが、部屋の中でもできます。家に一台あると安心です。

Q　おすすめの商品はどれですか。　（　　　）

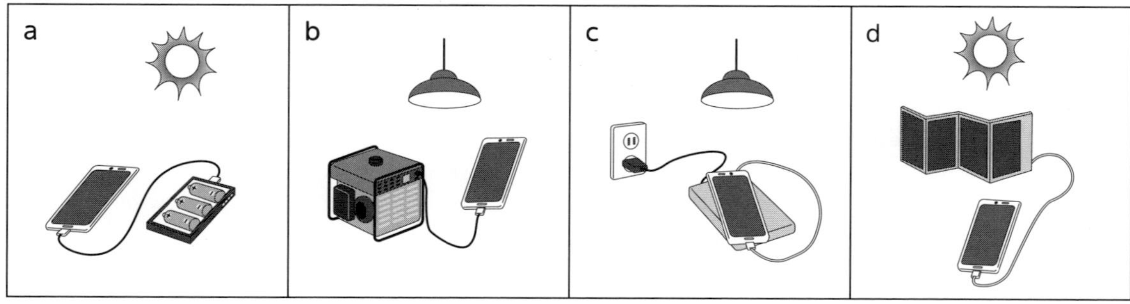

7月5日（日）

私は将来日本で働きたくて、今、日本語学校で日本語を勉強している。でも、日本は私の国より物価が高くて、生活がたいへんだ。留学する前、私は日本でアルバイトをしないつもりだったが、今は仕事をしなければ国にいたときと同じ生活はできない。

でも、日本は給料が高い。国で働いていたとき給料は毎月３万円ぐらいだったが、日本では１週間アルバイトすれば同じぐらいもらうことができる。本当はもっと給料がほしいが、仕事の時間が多ければ勉強の時間が少なくなるし、疲れて勉強することができない日もある。勉強も仕事も、今の私はどちらも大切だ。上手に時間を使いたいと思う。

Q　筆者の考えに合っているのはどれですか。　（　　　）

a　今はアルバイトはしないつもりだ。

b　もう少しアルバイトの時間を多くしたい。

c　勉強と仕事の時間を考えなくてはいけない。

d　勉強か仕事か、一つに決めようと思う。

つなぐ市観光協会　BLOG
し かんこうきょうかい

7月16日（月）AM10：28　**第39回 つなぐ川花火大会 どこで見る？**
だい　かい　　　　がわはな び たいかい

今年のつなぐ川花火大会は7月28日（土）です。会場へ浴衣でいらっしゃっ
がわはな び たいかい　　　　　　　　　　　　　　かいじょう ゆかた

た方にプレゼントもありますよ。
かた

「花火は見たいけど、花火大会の会場は人が多いから行きたくない」と言
はな び　　　　　　　　　はな び たいかい　かいじょう　　　 おお

う方！人が少なくて花火がとても見やすい場所があるんです。南駅から山
かた　　　すく　　　はな び　　　　　　　ばしょ　　　　　　みなみえき

のほうへまっすぐ行くと、橋があります。そこを渡って左に曲がると、北
はし　　　　　　　　わた　　ま　　　　きた

町公園があります。花火会場からはちょっと遠いですが、近くに高いビル
まちこうえん　　　　はな び かいじょう　　　　　　とお　　　ちか

がないので、きれいな花火を見ることができるんです。ぜひ行ってみてく
はな び

ださい！

Q　花火が見やすい所はどこですか。　（　　　　）
はな び　　　　ところ

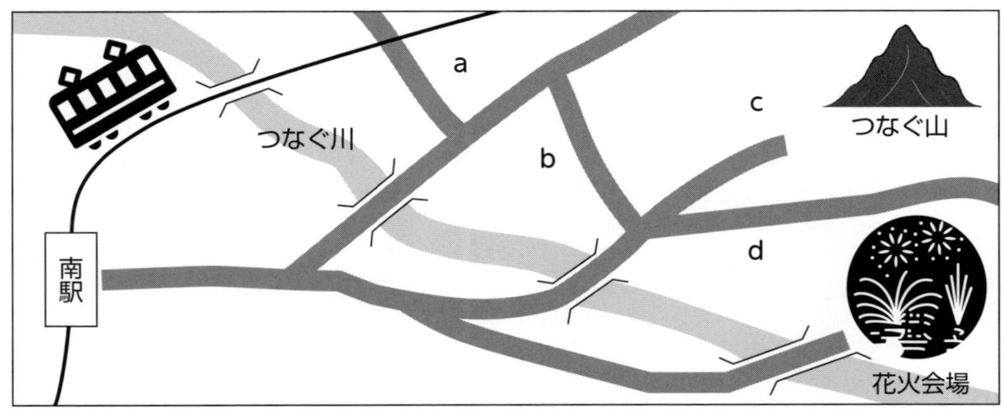

かんたん COOKING

親子丼
おや こ どん

材料：ごはん　鶏肉（100g）
さいりょう　　　　　とりにく

玉ねぎ（半分）　卵（２こ）
たま　　はん ぶん　たまご

水（150cc）

A【さとう（大さじ1/2）
　　　　　　おお

しょうゆ（大さじ２）　みり
　　　　　おお

ん（大さじ２）】
　　おお

晩ご飯のメニューがまだ決まっていない方、親子丼はいかがですか。
ばん はん　　　　　　　　　　　　き　　　　　　かた　おや こ どん

卵と鶏肉があれば、親子丼ができますよ。
たまご とりにく　　　　　おや こ どん

かんたんだし、おいしいですから、ぜひ作ってみてください。
　　　　　　　　　　　　　　　　　つく

①まず、鶏肉と玉ねぎを切ります。
　　　とりにく　たま　　　き

②次に、なべにAと水を入れてから、ガスの火をつけます。
　つぎ

③熱くなったら、そのなべに鶏肉と玉ねぎを入れて、
　あつ　　　　　　　　　　とりにく　たま

　　３分ぐらい煮ます。
　　　　　に

④最後に卵を入れて、ガスの火を止めます。これをご飯の上にのせます。
　さい ご　たまご　　　　　　　　　　と　　　　　　　　　はん

Q　どの順番で作りますか。　（　　）→（　　）→（　　）→（　　）→（　　）
　　　じゅんばん　つく

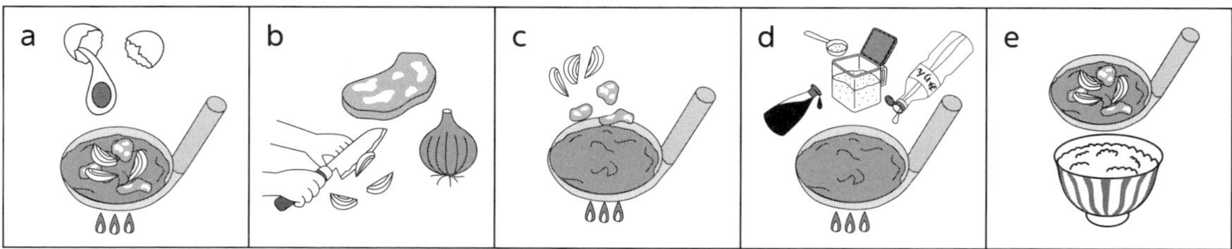

Q　大下さんは平日毎朝７時半に家を出て、夜７時ごろ家に戻ります。

大下さんは今日仕事から帰って、このお知らせを見ました。

この荷物はあさっての朝使うものです。いつ持って来てもらいますか。　（　　　）

a　13日の1　　　b　13日の4　　　c　14日の1　　　d　14日の4

ご不在連絡票
ふ ざいれんらくひょう

大下 様　　　　　　　　　　　　　　　5月12日（火）15：25

お荷物をお届けにまいりましたが、いらっしゃいませんでしたので、持ち帰りました。ご希望の再配達日と時間（1～4）をお知らせください。

電話受付（8：00〜19：00）　☎0120-XX-XXXX

インターネット受付（24時間）　https://www.humask/xxx

番号	ご希望の再配達時間	受付時間
1	8：00 〜 12：00	前の日の午後7時まで
2	14：00 〜 16：00	その日の午前10時まで
3	16：00 〜 19：00	その日の午前10時まで
4	19：00 〜 21：00	その日の午後4時まで

TSUNAGU 運輸株式会社
うん ゆ かぶしきがいしゃ

Q　試験の前に、担当の人が説明しています。
　　女の人は何の時間について質問しましたか。　（　　　）

a　筆記試験　　　b　作文　　　c　昼休み　　　d　面接

つなぐ貿易　入社試験の注意

10：00 〜 10：45	筆記試験	・スマホ、辞書などは使ってはいけません。 ・終わっても部屋を出ることはできません。
11：00 〜 11：45	作文	・辞書を使うことができます。 ・早く終わったら、会場を出てもいいです。
	昼休み	・2階の会議室で食事ができます。 　フリーの Wi-Fi があります。
13：00 〜	面接	・順番にお呼びします。面接の後、当社のホームページを見て、簡単なアンケートに答えてください。

Day 73

大阪の「お好み焼き」や栃木の「宇都宮ギョーザ」など、安くておいしい「B級グルメ」は大人気です。「つなぐ市B級グルメまつり」も毎年10万人以上の人が集まる人気のイベントです。日本全国のいろいろなB級グルメが食べられるだけではなくて、作り方を教えてもらえたりプレゼントがもらえるゲームもあるので、大人も子どもも楽しめます。また、「つなぐ市B級グルメコンテスト」では、つなぐ市の人が考えた「安くておいしいメニュー」の中から1位を選びます。コンテストに出ている料理は全部無料で食べられます。ぜひ、ご参加ください。

【つなぐ市役所　kanko_xxx@tsunagu-cty.com】

Q　〇ですか。×ですか。

① （　　　　） このイベントでは、日本のいろいろな町の安くておいしい料理が食べられます。

② （　　　　） このイベントの料理は、全部無料で食べられます。

悩み相談
（なや そうだん）

先月友だちのＡさんが車を買いました。週末、その車で六甲山へ連れて行ってもらいました。山の上からきれいな海を見て、晩ご飯を食べた後、うちまで送ってもらいました。「楽しい一日だった」と思いました。でも、車を降りるとき、Ａさんが「いつでもいいけど、今日のガソリン代を払ってね」と言ったので、私はびっくりしました。これはＡさんの車だし、Ａさんが私をさそったのですから、私がガソリン代を払うのはへんだと思います。私はお金を払わなくてはいけないのでしょうか。

（23歳 銀行員）

【カウンセラー：前川公一先生】

楽しい一日だったのに残念でしたね。でも、どうしてＡさんはそんなことを言ったのでしょうか。それを聞いてみてはいかがでしょうか。

Q この相談をした人はどう思っていますか。（　　　）

a　Ａさんの考えていることがわからない。

b　Ａさんの考えていることがわからないが、払う。

c　Ａさんの考えていることがわかる。

d　Ａさんの考えていることはわかるが、払わない。

PICK UP

面接
めんせつ

就職試験には、99.9％、面接があります。面接ではいろいろなことを聞かれますが、その会社に入りたい理由は必ず質問されます。「会社のことをよくわかっているか」、「本当に入社したいのか」、「ここで何がやりたいのか」、「将来どうなりたいのか」などを聞いて、ほかの社員と力を合わせて働ける人を選びたいと、担当者は考えているからです。ですから、あなたはまずその会社でやりたいことをはっきり話してください。そう思った理由も言うとわかりやすいです。ほかの会社のこともよく調べて、その会社でなければできないことも言いましょう。強い思いを伝えることが大切です。

Q

①面接の担当者はどんな人を選びたいと考えていますか。

…… ____

②面接で何を話したらいいですか。…… ・____

・____

・____

『ぼくたちの町』

前川　大

　ぼくのクラスには、足が悪くて車いすを使っている人が一人いる。この友だちと一緒に出かけると、いつもぼくたちが住んでいる町はとても不便だと思う。店の入り口がせまかったり車いすが置けなかったりしたことが、何度もある。エレベーターがない駅もあるし、車いすの人が使えるトイレも少ない。道には少し高くなっている所がたくさんあって、そこでは車いすの人はだれかに手伝ってもらわなければ、前へ行くことができない。車いすで出かけるのは本当にたいへんだ。車いすの人だけでなく、目が見えない人たちや耳が聞こえない人たちもきっと困っているだろう。この町を（　　）所にしなくてはいけないと思う。

Q （　）にはどの文が入りますか。一番いいものを1つ選んでください。　（　　）

a　みんなが住みやすい

b　車いすで出かけられる

c　便利なものがたくさんある

d　目や耳が悪い人が困らない

つなぐ市役所から市民のみなさんへお願い

　もうすぐ台風の季節です。去年は大きい台風が来て、さくら公園の木が倒れてしまいました。けがをした人はいませんでしたが、公園のそばの道が通れなくなりました。

　今年からは台風の後、つなぐ市にある65か所の公園で安全の確認をいたします。みなさまもお近くの公園で木が倒れたり物が壊れたりしているのを見たら、ぜひご連絡をお願いいたします。

つなぐ市役所　【電話：0727-22-XXXX】

Q　これを読んだ人がすることはどれですか。（　　　）

a　台風が来たら、市役所に電話する。

b　台風の後、公園で安全を確認する。

c　公園の木が倒れていたら、連絡する。

d　公園のそばの道を通れるようにする。

忘れ物、落とし物に注意！

　先週、図書館のつくえの下にスマホが落ちていました。スマホはいろいろな情報が入っている大切なものです。来週の金曜日までに取りに来なければ、警察に届けます。
　スマホだけでなく、最近、忘れ物や落とし物がとても多いです。教科書やかさなど、事務局にたくさんの物が届いています。落とさないこと、忘れないことが一番ですが、まず自分の持ち物には名前を書きましょう。そして、もし何かなくしたときには事務局へ一度見に来てください。

つなぐ大学　事務局

Q　事務局の人はどうしてこれを書きましたか。（　　　）

a　最近、忘れ物が多いから

b　物をなくした人が確認に来たから

c　スマホがたくさん届いたから

d　警察の人が注意したから

診察を受ける方へ
（しんさつ　う　　かた）

●初めての方は１番の受付で診察申込書をわたしますので、書いてください。

　診察申込書は、保険証といっしょに受付に出してください。保険証のコピーは使えません。

●予約がある方は２番の受付に診察券を出してください。

●予約がない方は３番の受付に診察券を出して、受診票を受け取ってください。

●診察券、保険証をお持ちでない方は、まず４番の受付で確認いたします。

●毎月初めて診察を受けるときに、保険証を出してください。

つなぐ病院
（びょういん）

Q　イさんは予約の時間に病院に来ましたが、診察券を家に忘れてしまいました。どの受付へ行きますか。　（　　　　）

a　１番　　　　b　２番　　　　c　３番　　　　d　４番

Day 80

花粉症
か ふんしょう

日本人の４人に１人は「花粉症」だと言われています。花粉にアレルギーがあると、鼻水が止まらない、くしゃみが出る、目がかゆくなるなど、たいへんです。サクラがきれいな春も、花粉がたくさん飛ぶことを考えたら、花粉症の人にはいやな季節でしょう。

また、今は花粉症ではない人も、安心してはいけません。日本に多いスギやヒノキなどの木はたくさんの花粉を作り、それが風にのって飛んで来るので、毎年花粉症の人が増えているのです。ですから花粉の時期には、マスクやめがねで花粉が体の中に入らないようにしたほうがいいでしょう。

Q 〇ですか。×ですか。

① (　　　　) 日本はサクラの木が多いので、花粉症の人が多い。

② (　　　　) 花粉症ではない人も、花粉を体の中に入れないようにしたほうがいい。

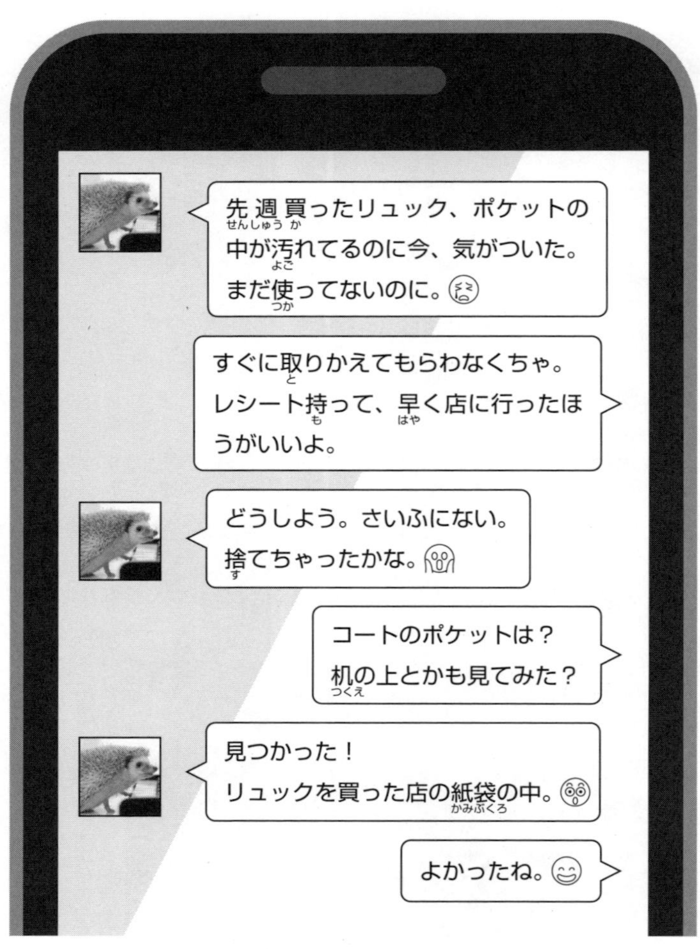

Q　内容に合っているのはどれですか。　（　　　　　　　）

a　リュックを汚してしまった。

b　レシートが見つかった。

c　さいふを捨ててしまった。

d　店の紙袋が見つかった。

お薬の説明書
（くすり　せつめいしょ）

お名前：松井 和紀様
（まつい　かずき　さま）

	色・形 （いろ・かたち）	名前・薬のはたらき （くすり）	飲み方 （かた）	注 意 （ちゅうい）
1		**アスク錠**（じょう） 熱を下げます（ねつ・さ）	熱があるとき、食（ねつ）（しょく） 後に1錠（ご）（じょう）	熱が下がったら、飲むの（ねつ）（さ） をやめてください。
2		**HA カプセル** 鼻水を止めます（はなみず・と）	朝 食と夕食の後（ちょうしょく）（ゆうしょく） 1つ	3日間飲んでも鼻水が止（はなみず）（と） まらないときは、担当の（たんとう） 医師に相談してください。（いし）（そうだん）
3		**ツナーグ** よく寝られます（ね）	夜寝る前に1 袋（よる・ね）（ひとふくろ）	1袋より多く飲まないで（ひとふくろ） ください。

Q 松井さんはきのう病院で薬をもらいました。今朝は鼻水がひどいですが、熱は
（まつい）　（びょういん）（くすり）　　　　　　（けさ）（はなみず）　　　　　　　　　（ねつ）
ありません。夕べあまり寝られなかったので、今晩はよく寝たいと思っています。
　　　　　　　（ゆう）　　　（ね）　　　　　　　　　　（こんばん）　　　（ね）　　（おも）
今日松井さんはどの薬をいつ飲めばいいですか。
（まつい）　　　　　（くすり）

Q　ブリさんは、日本の会社で働きたいと思っています。

会話が苦手なので、仕事に必要な会話を練習したいと考えています。

レベルチェックテストは230点でした。どのクラスがいいですか。　（　　　）

a　会話A　　　b　会話B　　　c　ビジネス文書　　　d　ビジネス会話

今学期、受けたい日本語のクラスに〇をつけて出してください。

名前：ブリ　ムサエフ

クラス	勉強すること	レベルチェックテストの点数など
会話A	毎日の生活の会話や、かんたんなスピーチを練習します。	・150 〜 199点
会話B	生活の会話と仕事の会話、敬語の使い方も練習します。	・200 〜 400点 ・会話Aクラスで勉強した人は、170点以上あれば選ぶことができます。
ビジネス文書	仕事のメールや書類の書き方を練習します。	・200 〜 400点
ビジネス会話	仕事の場面の会話を練習します。就職試験の準備もします。	・250 〜 400点

Q 男の人と女の人がカラオケ店のホームページを見ながら話しています。

　どの部屋を予約しますか。　（　　　）

a　Aを4部屋

b　Aを1部屋とCを1部屋

c　Bを2部屋

d　Aを2部屋とBを1部屋

カラオケ OK　みどり駅前店

**20人以上
1,000円 OFF！**

★ 12月31日まで **20% OFF！**

時間	月〜木／金5時まで	学生	金曜日夜・週末
AM10:00〜PM5:00	¥200／1時間	¥100	¥300
PM5:00〜PM11:00	¥500	¥250	¥750

★お部屋タイプ　　　　　　　　　　※6歳以下のお子様は無料です。

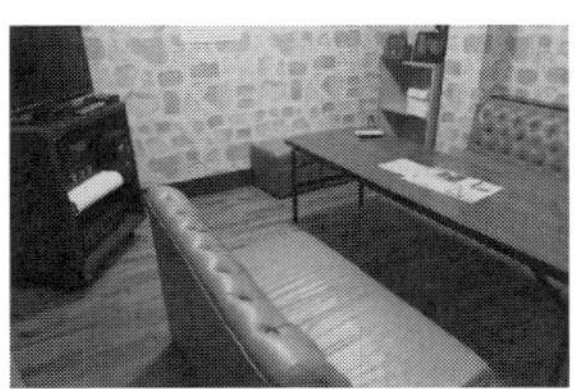

PICK UP

写真展「私の国はどこ ～世界難民の日～」

　毎年6月20日は「世界難民の日」です。世界には、いろいろな理由で生まれた国に住むことができない人・難民がたくさんいます。自分の国からほかの国へにげても、そこでの生活はたいへんです。

　「世界難民の日」から一週間、「私の国はどこ ～世界難民の日～」写真展を文化センターで行います。難民キャンプで生活している楽しそうな子どもたち、悲しそうな母親などの写真から、平和な国に住んでいる私たちができることを考えてみませんか。

Q　何月何日から何日まで、どこで、何がありますか。

Q1　○ですか。×ですか。

① （　　　　） この事故でだれもけがをしませんでした。

② （　　　　） この交差点ではよく事故が起きます。

Q2　5人の中でこの事故を見ていない人はだれですか。　（　　　　　）

a Kei　　　b あき　　　c やまけん　　　d AKC　　　e ナミ

Day 87

昨日午前6時ごろ、南市で92歳の女性が、男になぐられて現金6万円が入っている財布をとられた。女性は「アパートの近くへごみを出しに行って、戻ったら、知らない男が部屋にいた」と話している。女性は顔に軽いけがをした。警察は男をさがしている。

　南市では先月からお年寄りの家にどろぼうが入る事件が6件おきている。これまでは家の人が出かけている昼間に、窓ガラスを割ったり、玄関のかぎを壊したりして、家に入るやり方だった。しかし、昨日の事件は、朝早い時間にかぎが閉まっていないドアから中に入っていた。警察は今までの事件と犯人が同じかどうか調べている。警察は「短い時間でも外出するときはかぎをかけてください」と呼びかけている。

Q　このニュースのタイトルに合うのはどれですか。　（　　　）

a　部屋に知らない男　　女性なぐられて顔にけが

b　お年寄りの家にどろぼう　　昼間に玄関のかぎ壊す

c　早朝のゴミ出し　　ドアのかぎは閉めないで！

d　警察がさがしている男性　　南市で財布とられる

Q　この人はどうしてこのメールを送りましたか。　（　　　）

a　ホテルのサービスがよかったから

b　チケットがなくなったから

c　今月またこのホテルに宿泊するから

d　ホテルのファイルがほしいから

私たちの体に流れている血は、Ａ型、Ｂ型、Ｏ型、AB型の４つです。自分の血液型を知らない人は少ないでしょう。では、どうしてＣ型ではなくて、Ｏ型なのでしょうか。

実は血液型の研究が始まったときは、Ａ型、Ｂ型、Ｃ型の３つでした。後から、Ａ型とＢ型の両方の性質があるAB型が見つかりました。するとＣ型は、「Ａ型Ｂ型どちらの性質もない」という意味で、名前が「Ｏ（ゼロ）型」に変わりました。でも、「Ｏ（ゼロ）型」は「Ｏ（オー）型」と間違えられることが多くなってしまったので、専門家たちが相談して、1927年に「Ｏ（オー）型」と呼ぶことに決めたのです。

BLOOD TYPE

A　B　O　AB

Q　何がどう変わりましたか。

Day 90

外国人に「日本でびっくりしたことは何ですか」と聞くと、「電車が時間ちょうどに来る」、「自動販売機がたくさんある」などのほかに、「ポケットティッシュを無料でくれる」と答える人が多い。日本では1960年の終わりごろから多くの人に何かを知らせたいときに、このやり方がよく使われている。ティッシュに入っているお知らせを見て、近くにできた店や、便利なサービスなどの新しい情報を知る人も多いだろう。インターネットを使えば、もっとかんたんに、そして安く、多くの人に情報を伝えることができる。しかし、ポケットティッシュは使い終わるまで何度も見るので、店の名前やサービスなどを覚えてもらいやすい。お金も時間もかかるが、効果があるやり方なのだ。

Q1　〇ですか。✕ですか。

①（　　　　）日本人がポケットティッシュを使うことにおどろく外国人が多い。

②（　　　　）日本では1960年ごろからポケットティッシュがよく使われている。

③（　　　　）日本ではティッシュに入っているお知らせを見て、新しい情報を知る人もいる。

Q2　どうしてポケットティッシュを無料でくれるのですか。　（　　　　）

a　インターネットを使うよりかんたんだから

b　店の名前やサービスなどを覚えてもらいたいと思っているから

c　情報を伝えるのにお金も時間もかからないから

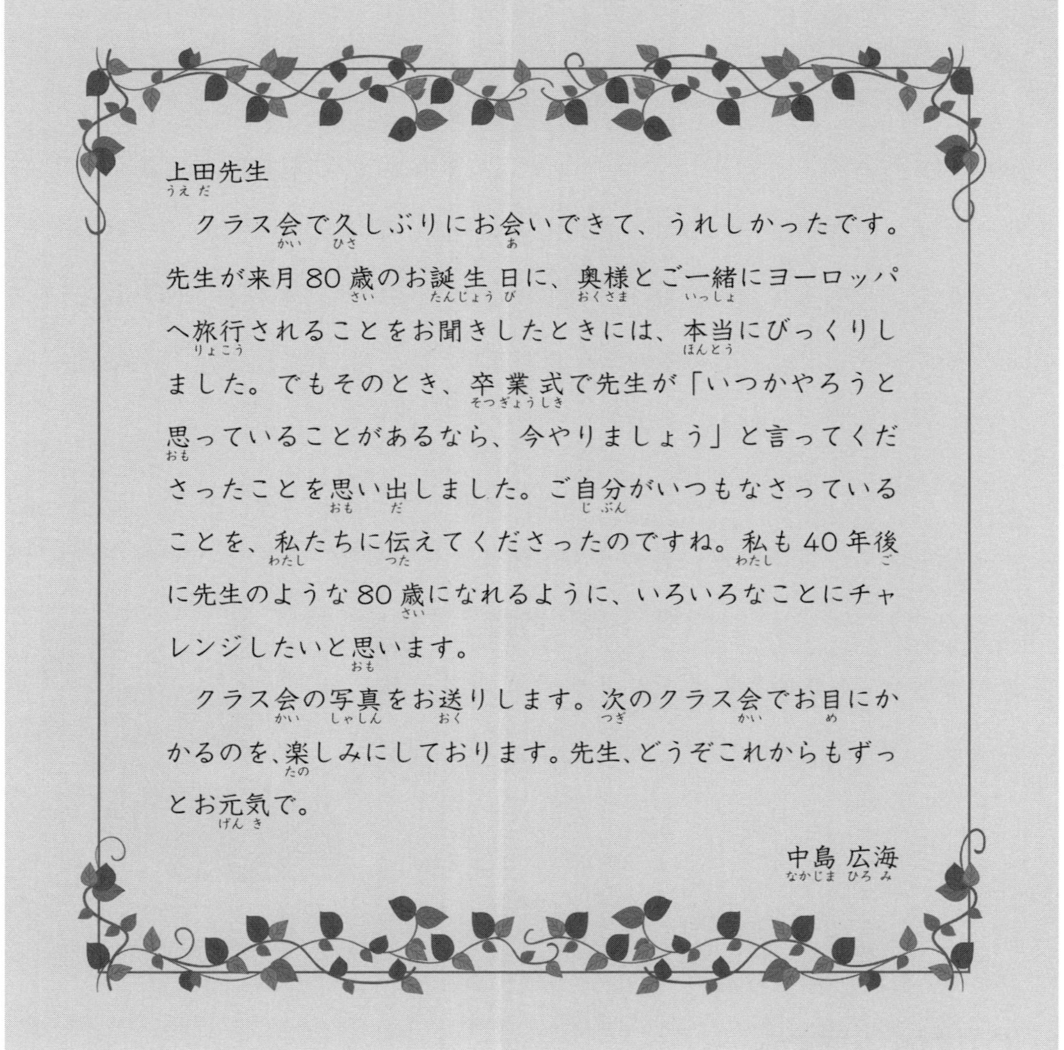

Q1　この手紙を書いた人は、今、何歳ですか。 ＿＿＿＿＿＿

Q2　この人はどうして上田先生に手紙を書きましたか。 （　　　）

a　来月先生の誕生日があるから

b　卒業式で先生がメッセージをくださったから

c　先生に写真を送りたかったから

d　次のクラス会でまた先生に会うから

TSUNAGU ONLINE SHOP

キーワードから探す

スニーカーの店　てくてく　TSUNAGU NET SHOP 店

HASK 新モデル HH5205jskm

4,300 円（税込）

大人気の HASK の最新モデルです！！

サイズ　27.5cm　　数　2

商品を注文する

『てくてく』の商品をご覧いただき、ありがとうございます。

・お支払いはクレジットカード払いかコンビニ払いかを選んでいただけます。

・5,000 円以上のご注文で送料無料。4,999 円以下は送料が 800 円かかります。

・商品はご注文から 3 〜 5 日後にお送りします。（土日祝日は休業）

・早送りサービス：＋ 500 円でご注文の次の日にお届けします。

・ご注文後は、ご連絡をいただいてもキャンセルをお受けできません。

・商品の返品、交換は一週間以内にメールでお知らせください。

スニーカーの店　てくてく　東京都新宿区〇〇 2-15-36 つなぐビル 3 F
TEL：03-1192-89XX ／ E メール：tekuteku_kutsu@HAXX.com

Q1　〇ですか。×ですか。

① (　　　) この商品のお金の払い方は一つではない。

② (　　　) この商品は家に届く前なら、メールでキャンセルができる。

③ (　　　) 届いた商品があまりいいと思わなかったら、一週間以内に商品を店に返さなくてはいけない。

Q2　週末この商品を 1 足注文して、来週中に届けてもらいたいとき、全部でいくら払いますか。 ＿＿＿＿＿＿

「しりとり」は子どもが大好きな遊びですが、大人になってからも楽しめて、頭の働きをよくするのです。遊び方を3つご紹介しましょう。

1つ目はテーマを決めておくやり方です。例えば「きれいなもの」とか、「食べられるもの」など、みんなの考えが同じではないテーマにすると、おもしろいです。

2つ目は「しりとり」の反対の「あたまとり」です。「しりとり」は、前の人が言った言葉の最後の文字から始まる言葉を言いますが、「あたまとり」はその反対で、前の人が言った言葉の最初の文字で終わる言葉を考えるのです。かんたんそうですが、やってみるととても難しいです。

最後は、上の2つをミックスした遊び方です。これを長い時間やっているとちょっと疲れますが、頭を使って遊ぶのは楽しいですから、ぜひやってみてください。

Q　やってみましょう。

①しりとり：つくえ　→　＿＿＿＿＿＿　→　＿＿＿＿＿＿

②しりとり（国の名前）：タイ　→　＿＿＿＿＿＿　→　＿＿＿＿＿＿

③あたまとり：えいが　→　＿＿＿＿＿＿　→　＿＿＿＿＿＿

④あたまとり（家にあるもの）：いす　→　＿＿＿＿＿＿　→　＿＿＿＿＿＿

去年の夏、私は急におなかが痛くなりました。熱も出たので病院へ行ったら、「食中毒」だと言われました。食中毒の原因は、肉や魚、野菜などについている「サルモネラ菌」などの細菌です。医者に「生ものは食べないように」と注意されて気をつけていました。それなのに、冬になってまたおなかが痛くなり、高熱が出ました。「また食中毒かな」と思って病院へ行くと、今度は「インフルエンザ」だと言われました。インフルエンザの原因は細菌ではなくて、ウイルスです。

細菌とウイルスは何がちがうのでしょうか。気になって調べてみました。すると、細菌は一つの細胞（cell）でできている「生物」で、水や栄養があれば大きくなり、自分の体を半分に分けてどんどん増えることがわかりました。ウイルスは細胞を持っていませんが、DNAを持っています。動物の体に入ってその動物の細胞の中に自分のDNAを送り、自分のコピーを作って増えるのです。

細菌もウイルスも、人から人へうつって病気を広げます。よく手を洗ってうがいをして、体の中に入れないように気をつけて生活しましょう。

Q1　〇ですか。×ですか。

① （　　　　　） 食中毒とインフルエンザの原因は同じではない。

② （　　　　　） 細菌はほかの動物の体を半分に分けて増える。

③ （　　　　　） ウィルスは動物の体の中で増えることができる。

Q2　細菌とウイルスの一番大きいちがいは何だと言っていますか。

Q　家の近くのジムに通いたいと思っています。マシントレーニングだけではなくて、
ヨガもやりたいです。そして、水泳も習ってみたいです。毎月15,000円までで、
平日の夜か週末に行くつもりですが、どのコースがいいですか。　（　　　）

a　プランA　　　　b　プランB　　　　c　プランC　　　　d　プランD

TSUNAGU スポーツジム 入会案内

プラン	利用時間	料金	
A	平日・週末 10：00 ～ 23：00	20,000円／月	いつでもしっかりトレーニングできます。
B	平日夜 18：00 ～ 23：00	10,000円／月	お仕事のあと、体をうごかしましょう！
C	週末 10：00 ～ 23：00	12,000円／月	平日はいそがしい方、週末にどうぞ！
D	一か月2回まで （プランAと同じ）	4,000円／月	つづけられるか心配な方、まずやってみましょう！

マシントレーニング　水泳　エアロビクス　ヨガ

Q　女の人と男の人がメモを見ながら、話しています。
　　どのメモを見ていますか。　（　　　　）

a

伝言メモ
でんごん

前田さん　　　　　　　受付：山川
まえだ　　　　　　　　うけつけ　やまかわ

11月5日（木）PM2:00

人事部　花田さんが
じんじぶ　はなだ
書類を持って来られました。
しょるい　も　こ
机の上に置いてあります。
つくえ　お

b

伝言メモ
でんごん

前田さん　　　　　　　受付：山川
まえだ　　　　　　　　うけつけ　やまかわ

11月5日（木）PM1:15

システム部　有田さんから
ぶ　ありた
連絡がありました。
れんらく
来週のミーティングは木曜日
らいしゅう
の2時からです。

c

伝言メモ
でんごん

前田さん　　　　　　　受付：山川
まえだ　　　　　　　　うけつけ　やまかわ

11月5日（木）AM11:30

つなぐ社　上野さまから
うえの
お電話がありました。
夕方もう一度お電話してくだ
ゆうがた　ど
さいます。

d

伝言メモ
でんごん

前田さん　　　　　　　受付：山川
まえだ　　　　　　　　うけつけ　やまかわ

11月5日（木）PM3:25

HASK社　山口さまから
やまぐち
お電話がありました。
明日お電話をお願いいたしま
あした　ねが
す。

PICK UP

緊張（きんちょう）

初めて何かするときや、おおぜいの人の前に立ったとき、また、大きい試験や試合の前になると、緊張してしまうときがあります。「うまくやりたい」と思う気持ちが強いと、失敗したときのことを考えて心配になり、心も体も固くなってしまうのです。

　よく緊張してしまう人は、まず、しっかり準備をしましょう。そうすれば、「準備したから、大丈夫」と思って、少し安心できます。それでも緊張したときは、大きく息を吸ってゆっくり吐いてください。首と肩を回してみましょう。少しリラックスできるはずです。「緊張するからやりたくない」と思わないで、どんどんやってみましょう。何回も緊張すると、緊張することに慣れます。「準備」と「リラックス」、そして「緊張に慣れる」、この3つのことができれば、気持ちはずいぶん楽になるでしょう。

Q1　〇ですか。×ですか。

①（　　　　）緊張してしまうのは、「うまくやりたい」と強く思うからだ。

②（　　　　）緊張する前に、大きく息を吸ったり、体を動かしたりしておいたほうがいい。

③（　　　　）何回緊張しても、緊張することに慣れない。

Q2　「緊張するからやりたくない」と思わないで、どんどんやってみたら、どうなりますか。

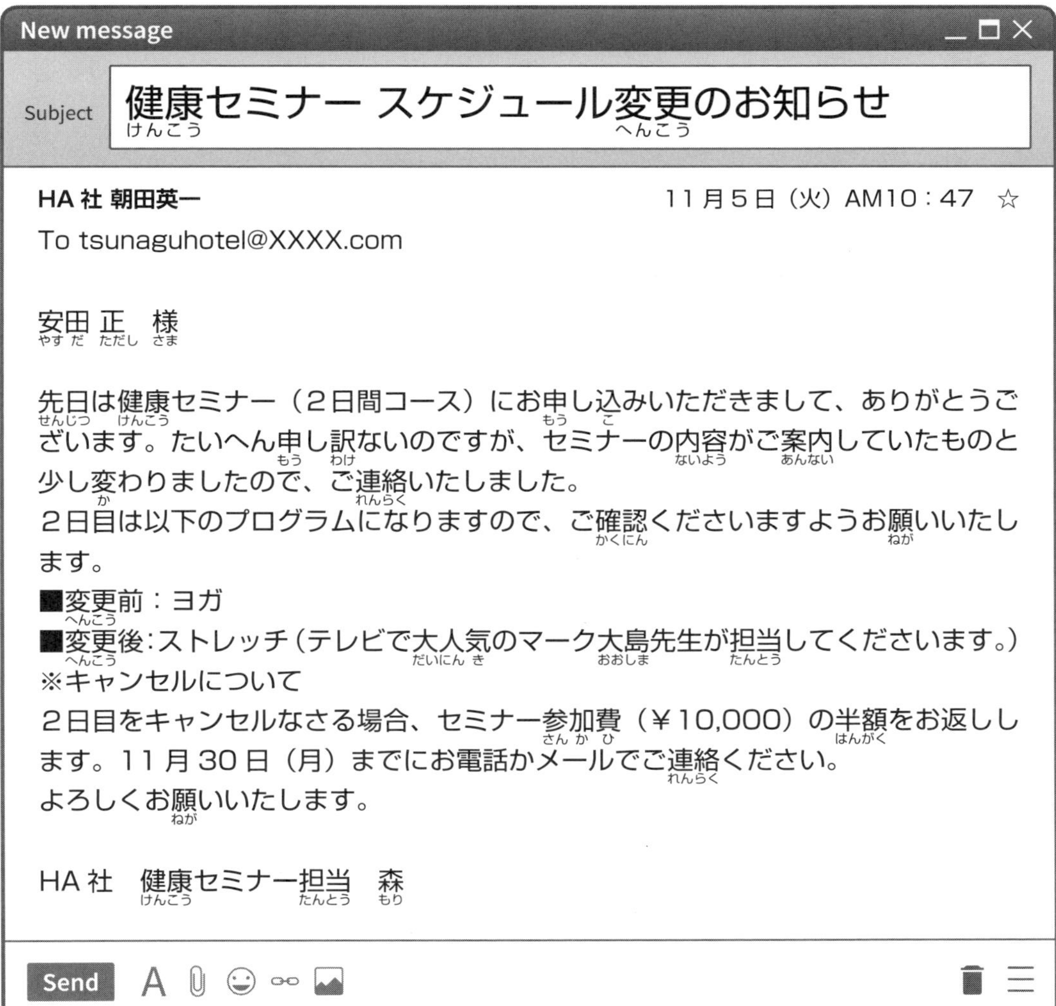

Q1　〇ですか。×ですか。

① （　　　） セミナーの1日目はヨガ、2日目はストレッチの予定でした。

② （　　　） セミナーは2日間の予定でしたが、1日になりました。

③ （　　　） ヨガのレッスンはなくなって、ストレッチのレッスンになりました。

Q2　安田さんは2日目をキャンセルします。お金はどうなりますか。

ビジネス日本語クラス　開講のお知らせ（かいこう）

「日本で就職したいけど、どうすればいいのかわからない」、「帰国して日本の会社に就職したいけど、心配だ」という声をよく聞きます。まだ就職の準備をしていない人は、来月から始まるビジネス日本語のクラスにぜひ参加してください。

期間：5月12日〜7月21日（毎週土曜日　午前10時〜午後2時半）全10回

内容：ビジネス会話、ビジネスマナー、ビジネス文書の書き方、面接の練習など

学費：20,000円　※前の学期にビジネス日本語クラスを受講した場合は18,000円

申し込み：10月4日までに受付に申込書と学費を持って来てください。

つなぐ日本語学校　事務局

Q1　このクラスで勉強したらいいのは、どの人ですか。　（　　　）

a　日本の会社で働きながら、日本語学校で勉強している人

b　就職できる日本の会社を紹介してもらいたいと考えている人

c　将来日本の会社で働こうと思っている人

Q2　初めてこのクラスで勉強したいと思っている人は、何をすればいいですか。

ペットロス

　生きている中で一番つらいことは、「大切な人」の死でしょう。それはペットが亡くなったときも同じです。

　会社員のＡさんは、12年間一緒に生活した愛犬のココを事故で亡くしました。Ａさんは仕事中にときどきココを思い出して泣いてしまっていたのですが、「次のペットを飼ったらどう？　早く元気を出して」と同僚に言われて、「泣いてはいけない」と思ったそうです。Ａさんはその日から眠れなくなって、どんどん体調が悪くなってしまいました。でもある日、ペットの猫を病気で亡くした友だちに会って、二人で泣きながらペットのことを話したら、少し心が軽くなったそうです。そして、それからＡさんはだんだん元気になりました。

　大切なペットが亡くなって悲しくつらい気持ちになることを、「ペットロス」と言います。悲しい気持ちが強いと心の病気になり、そこから体の病気になってしまう人も少なくありません。ですから、ペットが亡くなってしまったら、無理をしないで、ペットのことを温かい気持ちで思い出せるようになるまで悲しむことが大切です。もし、近くにペットロスの人がいたら、何かをアドバイスするのではなく、一緒に悲しんであげてください。

Q1　〇ですか。×ですか。

①（　　　　）Ａさんは同僚に「早く元気を出して」と言われて、うれしいと思いました。

②（　　　　）同じ気持ちの友だちと泣きながら話して、Ａさんは少し楽になりました。

③（　　　　）ペットロスになったら、ペットのことをできるだけ思い出さないほうがいいです。

Q2　どうしてＡさんは眠れなくなって、どんどん体調が悪くなってしまったのですか。

Q1　だれですか。

①山口さんに会った人　　　　　……　________________

②最近やせた人　　　　　　　　……　________________

③あまり食べないようにしている人　……　________________

Q2　「やっぱり心配だなあ」は、だれがだれを心配しているのですか。

____

Day 102

ライオンが逃げた！

　2016年4月に、熊本県で大きい地震が起きた。みんなが心配しながら朝が来るのを待っているとき、SNSに「動物園からライオンが逃げた」という情報が出た。ライオンが夜の町を歩いている写真もあった。それを見た人たちはおどろいて、「ライオンが動物園から逃げたらしい！」、「気をつけて！」と、その情報を次々とほかの人に伝えた。すると、「ライオンを早く動物園に戻して！」、「助けに来て！」という電話が動物園と警察にたくさんかかってきて、本当にたいへんだったそうだ。

　しかし、動物園がホームページで「逃げた動物はいません」と発表して、これはうそだとわかった。みんな「地震で困っているときに、こんなことをするのはひどい」と怒った。

　その3か月後、このうそをSNSに出した男が警察につかまった。男はおもしろいと思って、やってしまったそうだ。もちろんこの男が一番悪いが、本当かどうかわからないSNSの情報を100％信じてほかの人に伝えた人がたくさんいたことも、この問題が大きくなった原因の一つだ。この事件はSNSのよくない使い方の例になってしまった。

Q1　〇ですか。×ですか。

①（　　　　）地震のとき、動物園からライオンが逃げてしまいました。

②（　　　　）たくさんの人が逃げたライオンの写真を撮って、警察に電話をしました。

③（　　　　）この情報を見て、ほかの人に伝えた人がたくさんいました。

Q2　どうしてこれがSNSのよくない使い方の例なのですか。

PICK UP

エアコン、どう使う？

　日本の夏は蒸し暑いので、一日中エアコンをつけたままにしたくなります。でも、エアコンをつけると電気代が高くなるので、部屋がすずしくなったら消して、暑くなったらつけるようにしているのではありませんか。また、暑くて寝られないので、2、3時間後にエアコンが消えるようにタイマーをセットしてベッドに入る人も多いでしょう。

　でも、実はつけたり消したりするよりつけたままにしたほうが、電気代は安くなるし、体にもいいそうです。エアコンは、部屋の温度をセットした温度に下げるまでの間、一番たくさん電気を使います。ですから、セットした温度が低ければ、電気を使う量は多くなります。つけたままにしたほうが部屋の温度が変わらないので、電気を使う量は少ないということなのです。また、エアコンをつけたまま寝たほうが、すずしくてよく寝られていいと言う医者もいます。

　今年の夏も暑くなりそうですが、このやり方で生活してみてはいかがでしょうか。

Q1　〇ですか。×ですか。

①（　　　）日本の夏は蒸し暑いので、エアコンをつけたり消したりしたほうがいい。

②（　　　）38度の部屋を20度にするときより27度にするときのほうが、電気代がかかる。

③（　　　）部屋の温度が変わらないようにすれば、電気を使う量が少なくていい。

Q2　「このやり方で生活してみてはいかがでしょうか」の「このやり方」は、どんなことですか。　（　　　　）

a　一日中エアコンをつけたままにすること

b　暑い昼間はつけたり消したりすること

c　夜エアコンをつけないで寝ること

PICK UP

つづけよう「朝活」！

　あるアンケートによると、朝活をしたいと思っている人は全体の約70％、その中でやったことがある人は約45％でした。

　「仕事が忙しくて自分の時間がないので、朝活を始めた。外国語の勉強をしているが、起きてすぐ勉強すると、よく覚えられると思う」（28歳／女性／店員）、「朝1時間ぐらい走ると、一日中体が軽くて、よく動ける」（19歳／男性／学生）、「前はネットのニュースをちょっと読むだけだったが、今は1時間かけて新聞を全部読んでいる。経済や政治だけではなく、いろいろな情報があって、おもしろい」（45歳／男性／会社経営者）など、時間を上手に使って朝活をしている人の意見を聞くと、朝活はとてもいいことだとわかります。

　でも、朝活をした人の中で半年以上続けた人は、30％ほどでした。続けられない理由で一番多かったのは、「朝起きられないから」という答えでした。そんな人は、まず朝、決めた時間に起きることから始めてはどうでしょうか。

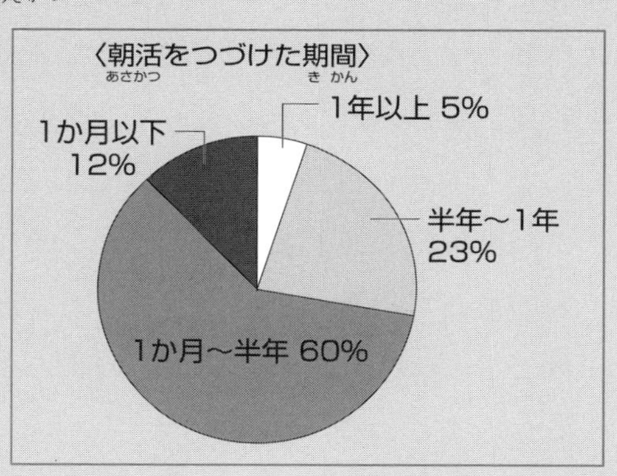

Q1　「朝活」とは何ですか。　（　　　）

a　朝、仕事や授業の前に、勉強したり運動したりすること

b　毎朝、決めた時間に起きること

c　一日の時間を上手に使うこと

Q2　○ですか。×ですか。

①（　　　）朝活をしたいと思っていても、その中の半分ぐらいの人は始めていない。

②（　　　）朝活を始めても、30％の人は続けられない。

③（　　　）朝早く起きられなくて、朝活が始められない人が多い。

八人の真ん中

　昔あるところに「彦一」という人がいました。彦一はとても頭がよくて、有名でした。ある日、殿様から「息子の誕生会をする。友だちを7人連れて城へ来なさい」という手紙が届きました。そこで彦一は友だちと一緒に殿様が住んでいる城へ行きました。

　殿様は「彦一、よく来てくれたな。今日はたくさん食べなさい」と言いました。部屋においしそうな料理が運ばれて来ました。ところが、殿様は「彦一、一緒に来た友だちの真ん中に座りなさい。もちろん友だちのひざの上に座るのはだめだ。真ん中に座れなければ、料理は食べさせない」と言いました。友だちが8人なら彦一の左に4人、右にも4人で、真ん中に座れます。でも、今、友だちは7人です。真ん中はありません。友だちは料理が食べられないと思って、悲しくなりました。

　でも、彦一は「かんたんなことです。みんな、私のとなりじゃなくて、まわりに座って」と言いました。そして、大きいまるの形に座っている7人の友だちの真ん中に座りました。殿様は「なるほど！　さすが彦一！　友だちの真ん中に座っているな。よし、たくさん食べなさい」と言いました。みんなはおなかがいっぱいになるまで、おいしい料理を食べました。

Q1　この話はどんな順番ですか。　（　　）→（　　）→（　　）→（　　）

a　彦一と友だちはおいしい料理をたくさん食べました。

b　殿様は彦一に難しい問題を出しました。

c　彦一は殿様に招待されて友だちと一緒に城へ行きました。

d　彦一は殿様が出した問題に答えることができました。

Q2　彦一たちはどのように座りましたか。絵を描いて説明してください。

みどり市
青空マーケット

会場：さくら公園

7月24日（土）25日（日）
9：00〜16：00

青空マーケット（駐車場となり）

みどり市の野菜と肉のマーケット。
安いですよ！

青空レストラン（噴水前）

みどり市の野菜と肉で作る
和食やいろいろな国の料理を
めしあがっていただけます。

お問い合わせ：みどり市農政課
TEL 06-3102-XXXX

青空マーケットは地産地消を楽しむイベントです。地産地消とは、その町で作られた野菜や肉などをその町に住んでいる人が食べることです。新鮮なものが安く買えるし、どんな人がどうやって作ったのかわかるので、とても安心です。家族には安全なものを食べさせたいですよね。私たちの町で作られたものをおいしくいただきましょう。

Q1　これはどんなイベントですか。　（　　　）

a　安くておいしい外国の肉や野菜を買ったり食べたりできるイベント

b　町で作った肉や野菜などを町の人が食べるイベント

c　みどり市のスーパーやレストランを紹介するイベント

Q2　地産地消には、どんないいことがありますか。

・ ____

・ ____

Q　みどり公園の前でポスターを見ました。コンサートは1時間後に始まるようなので、行ってみたいと思います。まず何をすればいいですか。　（　　　）

a　チケットを買う。　　　b　チケットをもらう。

c　会場の入口へ行く。　　d　会場に入る。

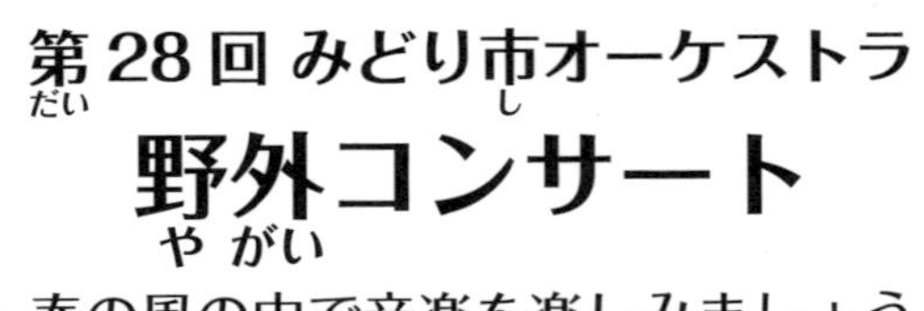

・当日午前11時から午後12時まで公園事務所でチケットを配ります。
とうじつ　　　　　　　　　　　　　　　じ むしょ　　　　　　くば
・チケットをお持ちの方は1時から順番にご入場いただけます。
じゅんばん
・チケットをお持ちでない方は、会場入り口に並んでお待ちください。
なら
・会場は120席ですので、早めにいらっしゃってください。
せき

Q　女の人と男の人がプレゼンテーションの資料（しりょう）を見ながら話しています。

　　女の人はこの後、どの部分を直（なお）しますか。　（　　　　）

a　商品（しょうひん）の写真
b　会場に来た人の数（かず）のグラフ
c　アンケートの答え
d　お客様（きゃくさま）が会場に来た時間と人数（にんずう）のグラフ

新商品発表イベント報告
しんしょうひんはっぴょう　　　　ほうこく

■商品（しょうひん）「ジュエリー」シリーズ

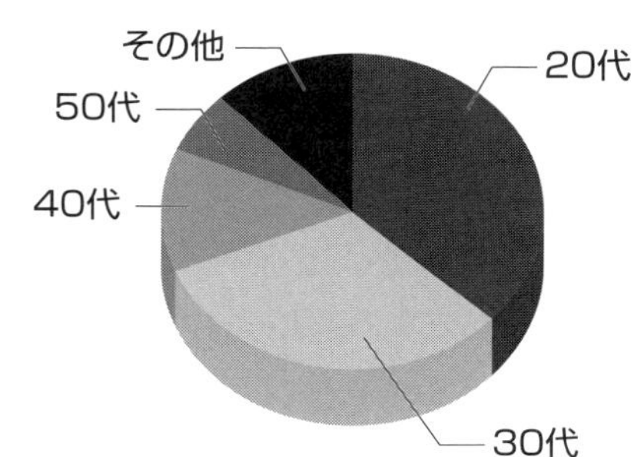

■来場者（らいじょうしゃ）　253人

■アンケートの答え

①会場は便利（べんり）な場所だった。

②商品（しょうひん）の説明（せつめい）をゆっくり聞けた。

③商品（しょうひん）についてよくわかった。

④商品（しょうひん）を使いたいと思った。

■お客様（きゃくさま）が来場（らいじょう）した時間と人数（にんずう）

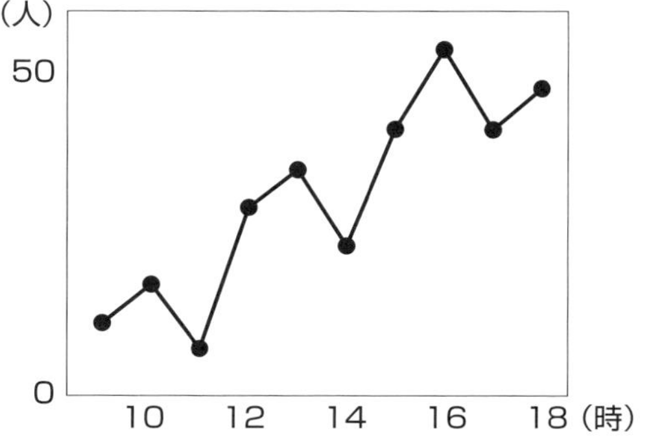

長距離バスご利用案内
ちょうきょり　　　　　　りようあんない

● 乗車券のご予約・ご購入

・ご乗車の1か月前から、バスセンター・コンビニ・インターネットでご予約いただけます。

・インターネットで予約された乗車券は、予約された日から3日以内にクレジットカードまたはコンビニで、料金をお支払いください。期限を過ぎたら、キャンセルになります。

● 乗車券の変更・キャンセル

・バスの出発時間前なら、予約の変更ができます。インターネットかバスセンターでお手続きください。お電話でのご連絡はお受けできません。

・出発時間30分前までキャンセルをお受けします。その場合、出発予定日の2日前からキャンセル料をいただきます。

　（2日前：料金の10%、前日：20%、当日：30%）

・出発時間30分前を過ぎた場合、キャンセルはできませんので、ご注意ください。

●バス走行前および走行中のご注意

・安全のため車内の通路にお荷物を置かないようお願いいたします。大きいお荷物はバス床下のトランクルームをご利用ください。（お預かりするお荷物はお一人一つまで）

・走行中は必ずシートベルトをご着用ください。

・車内は禁煙です。

・携帯電話はマナーモードに設定し、通話はご遠慮ください。

Q　この長距離バスでできることには〇、できないことには×をつけてください。

① (　　　) 8月12日のバスを、7月2日に予約する。

② (　　　) 10月3日に予約したチケットの料金を10月10日にバスセンターで払う。

③ (　　　) 1時半のバスに間に合わないから、1時20分にネットで2時のバスに変更する。

④ (　　　) 大きい荷物は席の近くに置かないで、預かってもらう。

⑤ (　　　) バスの中ではマナーモードにして、家族に電話をかける。

PICK UP

顔文字　絵文字
かおもじ　えもじ

　日本で顔文字や絵文字が使われるようになって、30年以上になる。いろいろなデザインがあって、文字だけでは伝えにくいことがあってもこれを使えばかんたんだ。例えば、「Ａさんは行かないんだって」という文は「Ａさんが行かない」ことを伝えるだけだが、

「Ａさんは行かないんだってΣ(ﾟДﾟ;)」

「Ａさんは行かないんだってヾ(*｀Д´*)ノ"」

「Ａさんは行かないんだって😣」

「Ａさんは行かないんだって😁」

これなら、文字で書いていないこともよくわかる。家族や友だちなどへのメッセージには、自分の気持ちをもっとよくわかってもらえるように顔文字や絵文字を使う人が多い。

　では、ビジネスのときはどうだろうか。あるアンケートでは、「使ったほうがいい」「使ってもいい」という意見のほうが、反対の意見よりも多かったそうだ。しかし、「ビジネスの連絡に顔文字は合わない」と考える人も少なくないので、使わないほうがいいかもしれない。

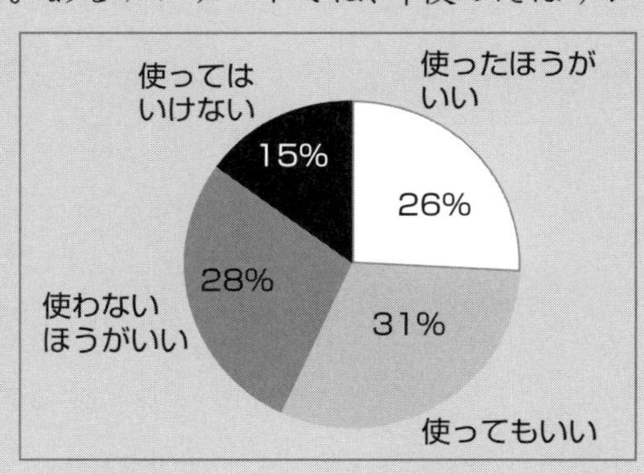

Q1　筆者は顔文字や絵文字でどんなことが伝えられると言っていますか。　（　　　）
ひっしゃ　かおもじ　えもじ　　　　　　　　　　　　　　　　　　　　つた

a　自分の考え　　　　b　自分の気持ち　　　　c　自分の意見

Q2　①筆者は、仕事のメールに顔文字や絵文字を使うことをどう考えていますか。
　　　ひっしゃ　　　　　　　　　　　かおもじ　えもじ

＿＿＿＿＿＿＿＿＿＿＿＿＿＿＿＿＿＿＿＿＿＿＿＿＿＿＿＿＿＿＿＿＿＿＿＿＿＿

　　　②それはどうしてですか。

＿＿＿＿＿＿＿＿＿＿＿＿＿＿＿＿＿＿＿＿＿＿＿＿＿＿＿＿＿＿＿＿＿＿＿＿＿＿

PICK UP

江戸時代のファストフード

　ハンバーガーやチキンなど、値段が安くて忙しいときにさっと食べられるファストフードはとても便利なものです。実は日本には 350 年ぐらい前の江戸時代からファストフードがありました。それはすしとそばと天ぷらです。「すしは高いのにファストフード？」と思うかもしれませんが、昔、江戸の町（今の東京）では近くの海でたくさん魚がとれたので、すしの値段はとても安くて、今の物価にすると、コンビニのおにぎりと同じぐらいだったそうです。大きさも今のすし２つ分ぐらいで、おにぎりと同じぐらいだったようです。天ぷらは今のものと形がちがって、魚を串にさして油であげていたそうです。そばはしょう油で作ったつゆで食べることが多いですが、江戸時代はみそ味のつゆもありました。

　どうして江戸時代にファストフードがあったのでしょうか。理由の一つは、江戸の町で大きい火事があったことです。この火事で町がほとんど焼けてしまって、家を建てたり修理したりするために遠くの町から男の人がおおぜい来ました。一人暮らしの場合、自分で料理するより外で食べるほうがお金がかからないし便利なので、そばやすしを店で食べる人が多かったそうです。それで、江戸時代に店が増えて、町の人たちもファストフードをよく利用するようになりました。

Q1　〇ですか。×ですか。

①（　　　　）日本では、江戸時代からファストフードがありました。

②（　　　　）今のファストフードと江戸時代のファストフードは、変わっていません。

③（　　　　）火事で家がなくなった男の人たちは、江戸から遠くの町へ家を建てに行きました。

Q2　どうして江戸時代にそばやすしなどの店が増えたのですか。

Day 112

　来年夏、みやま市にショッピングセンター

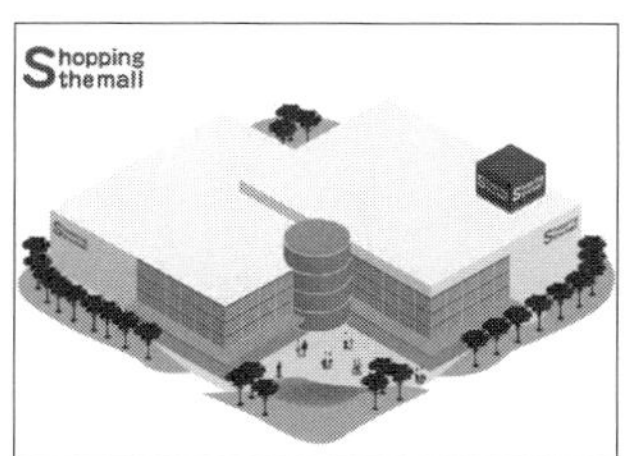

　HASK グループは今月８日、みやま市にショッピングセンター「HASK ショッピング MALL みやま公園店」を来年７月にオープンすると発表した。

　みやま市は「人が集まる町・みやま」を目標にして、３年前にみやま公園の近くに「みやま公園駅」を作った。その後、駅前にマンションが多く建てられ、人口が増えている。しかし、住民からは「みやま市には小さいスーパーしかないので、買い物が不便だ」という声が上がっていた。また、みやま公園はさくらの名所だが、公園の近くに食事や買い物ができる店があまりないため、観光客が少ない。みやま市も「大型ショッピングセンターがオープンすれば、観光客が増えるかもしれない」と考えている。

　HASK グループは「みやま市のみなさまの生活がもっと便利で楽しくなるように、明るい店にしたい。市外からも多くの方に来ていただけたら」と話している。

Q1　〇ですか。×ですか。

① (　　　　) みやま公園の近くには、３年前まで駅がなかった。

② (　　　　) みやま市には、スーパーマーケットがない。

③ (　　　　) 今みやま公園の近くには、たくさんの人が住んでいる。

Q2　新しいショッピングモールがオープンしたら、何がどう変わると考えられていますか。

・____

・____

Day 113

心理的リアクタンス

　「やるなと言われたら、やりたくなった」、「やろうと思っていたのに、やれと言われたら、やる気がなくなった」、こんな経験はありませんか。このような心の動きを「心理的リアクタンス」と言います。言われなければ何とも思わなかったことなのに、「してはいけない」と言われると、「どうして止められたんだろう。それをやったら、どうなるんだろう。やってみたい」という気持ちが起きます。「やれ」と言われたら、「この人に私がやることを決められたくない」といやな気持ちになります。ですから、人に何か頼んだり注意したりするときには、心理的リアクタンスが起きないように、言い方に気をつけましょう。

　また、「ない」と言われたら、急にほしくなるときがありますが、これも心理的リアクタンスです。例えば、店員に「○○は売り切れました」と言われたら、急にそれが食べたくなったり、「○○が買えるのは月末までです」と聞いて、ほしくなかったのに買ってしまったりしたことがあるでしょう。そんなとき、心理的リアクタンスのことを思い出して、本当に必要かどうかをよく考えてみるようにすれば、むだなものは買わなくなるかもしれません。

Q1　○ですか。×ですか。

① (　　　　) 「心理的リアクタンス」は人の心の動きだ。

② (　　　　) 人間はほかの人から何か言われたら、それをしなければならないと思う。

③ (　　　　) 買い物のときにも、心理的リアクタンスが起きることがある。

Q2　「心理的リアクタンス」の例はどれですか。　(　　　　)

a　彼女と結婚したいと言ったら、親に反対された。ぜったいに結婚しようと思う。

b　アパートの家賃が20,000円高くなると大家に言われた。払えないので引っ越すつもりだ。

c　明日友だちがスキーに行く。でも私は寒いのがきらいだから、行かない。

【おもしろい話】　京都のかえると大阪のかえる

　むかしむかし、京都に一匹のカエルがいました。ずっと京都に住んでいるので、ほかの所を見たいと思っていましたが、ある日、大阪はにぎやかですばらしい所だと聞いて、行ってみることにしました。

　ところで、大阪にも一匹のカエルがいました。ずっと大阪に住んでいるので、ほかの所を見たいと思っていましたが、ある日、京都はきれいですばらしい所だと聞いて、行ってみることにしました。

　この二匹のカエルは、京都と大阪の間にある天王山の一番上で出会いました。「こんにちは。どこへ行くんですか」と京都のカエルが聞きました。「京都です」と大阪のカエルが言いました。それを聞いて京都のカエルは「やめたほうがいい。京都はつまらない所です。だから私は大阪へ行くんです」と言いました。すると、大阪のカエルが「大阪？　何もない所ですよ。ちょっと見てみたらどうですか。立ち上がるとここからよく見えますよ」と言ったので、京都のカエルは立ち上がって見てみました。「本当だ。大阪は京都と同じですね」。大阪のカエルも立ち上がって見てみました。「京都も大阪とちがいませんね。それなら行っても意味がない。帰りましょう」。二匹のカエルは山を下りて自分の町へ帰って行きました。

　でも、山の上で二匹のカエルが見たのは、実は自分たちの町だったのです。カエルの目は頭の上にありますから。

Q　この話はどうして「おもしろい話」なのですか。　（　　　　）

a　自分の町を見ていることに気がつかなかったから

b　自分が住んでいる町を悪く言ったから

c　小さいカエルが高い山に登ったから

d　カエルが立ち上がるのはめずらしいことだから

『外国語学習と翻訳機』

高田　空

　人工知能（ＡＩ）の研究が進んで、私たちの生活はどんどん便利になってきました。将来はきっとすばらしい翻訳機ができるから、外国語を勉強しなくてもよくなるだろうと考える人も少なくないようです。今も、人が話した言葉を外国語に翻訳して文字と音が出る機械が、あまり高くない値段で売られています。

　しかし、本当に外国語の勉強は必要なくなるのでしょうか。例えば、外国へ一週間ぐらい旅行しているときに、道を聞いたり、おすすめの料理を教えてもらったりするだけなら、翻訳機は便利だと思います。でも、外国人の友だちと一緒に出かけたり、仕事で会議に出席するときなどはどうでしょうか。考えてみてください。機械に何かを話して、それを機械が通訳する。それを聞いた相手も機械に何かを話して、今度はこちらが機械から出てきた音を聞く…。これはコミュニケーションでしょうか。それに、自分が言いたいことを機械が正しく翻訳してくれたかどうか、確認することもできないのです。

　本当に言いたいことや気持ちを伝えるためには、自分の口から話すべきなのではないでしょうか。機械はすばらしいものですが、人間にしかできないこともあると思います。

Q1　筆者の考えに合っているのはどれですか。　（　　　　）

a　便利な翻訳機が売られているので、外国語の勉強は必要ない。

b　仕事でコミュニケーションをとるとき、翻訳機を使ったほうがいい。

c　機械が翻訳した場合、正しくないかもしれないので心配だ。

Q2　どうして「自分の口から話すべきだ」と言っているのですか。

　日本は安全な国だとよく言われますが、本当にそうでしょうか。ある調査によると、「最近日本は安全ではなくなってきたと思う」と答えた人は全体の 60％でした。また、別の調査では、90％以上の人が「防犯カメラをもっと増やしたほうがいい」と考えていることもわかりました。

　2000 年ごろから、日本では町の中、病院、銀行、公園、店、マンションなど、いろいろな場所に防犯カメラが置かれるようになってきました。防犯カメラを置く目的の一つは、犯罪をやめさせることです。悪いことをしようと思っていても、防犯カメラを見つけて、それをやめる場合もあるのです。ですから、防犯カメラがあれば、安心する人も多いのでしょう。しかし反対に、「防犯カメラがあちこちにあると、いつだれとどこで何をしていたのかを、ほかの人に知られてしまう」と心配する人も少なくありません。悪いことをしていなくても、自分のことをほかの人に知られたくないという考えもあるのです。みんなが安心して暮らせるようにするためにどうすればいいか、考えなければなりません。

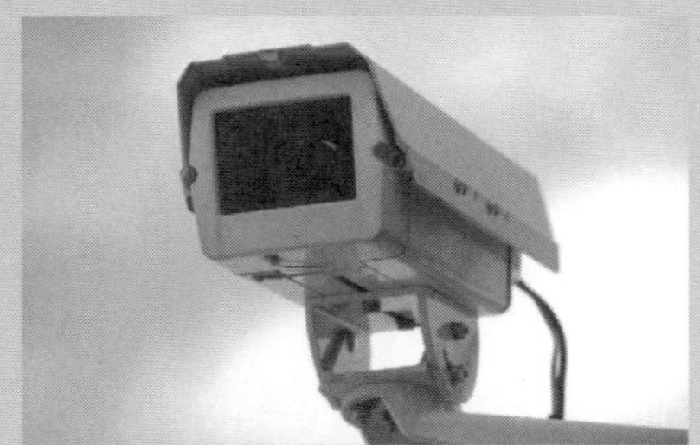

Q1　〇ですか。×ですか。

①（　　　　）日本は今より前のほうが安全だったと考える人が多い。

②（　　　　）多くの人が日本は防犯カメラが足りていると思っている。

③（　　　　）防犯カメラがあれば、悪いことをする人が少なくなると考えられている。

Q2　どうして防犯カメラを置くことに反対する人がいるのですか。

ガス器具安全点検のお知らせ
（き　ぐ　あんぜんてんけん）

（TGS）つなぐガス サービスセンター

<u>207 号室</u>　　山口　様
（ごうしつ）　（やまぐち）（さま）

　つなぐガスサービスでは、お客様にガスを安全にお使い
（きゃくさま）

いただくために、ガス器具の点検にうかがいます。下記の
（き　ぐ）（てんけん）　　　　　　　　　　　　　　　　（か　き）

日時に担当者がお客様のお宅に入らせていただいてガス器
（たんとうしゃ）（きゃくさま）（たく）　　　　　　　　　　　　　　（き）

具を拝見しますので、お忙しいとは思いますがご自宅にい
（ぐ）（はいけん）　　　　　　　　（いそが）　　　　　　　　　　（じ たく）

てくださいますよう、よろしくお願いいたします。
（ねが）

10 月 25 日（木）午前 9 時〜午後 12 時

※点検は 15 分ほどで終わります。この点検は無料です。
（てんけん）　　　　　　　　　　　　　　　　（てんけん）（むりょう）

※別の日に変更できます。ご希望の日時をサービスセンターにご連絡ください。
（べつ）　（へんこう）　　　　　　（き ぼう）　　　　　　　　　　　　　　　（れんらく）

つなぐガス サービスセンター（安全点検担当）
（あんぜんてんけんたんとう）

📞0120-111-XXXX

【当社ホームページ】http//:www.tsunagugas.com
（とうしゃ）

Q1　〇ですか。×ですか。

①（　　　　）10 月 25 日の午前中、山口さんは家にいなくてはいけない。
（やまぐち）

②（　　　　）ガスが安全に使えるように、山口さんが点検しなくてはいけない。
（やまぐち）　　（てんけん）

③（　　　　）この点検には 3 時間ぐらいかかる。
（てんけん）

Q2　だれがどこで何をしますか。

日本初の国際人　ジョン万次郎

　1841 年 1 月、土佐（今の高知県）の海で魚をとっていた船が、強い風で 500 キロも流され、無人島に着いた。船から降りた 5 人は雨水を飲んだり魚や鳥を食べたりして、助けが来るのを待っていた。そして 5 か月後にアメリカの船がその島に来て、5 人は助けられた。しかし、そのとき日本には「日本人が外国へ行ってはいけない。外国人が日本に入ってもいけない」というきまりがあったため、船長は日本ではなくハワイで 5 人を船から降ろした。

　ところが、14 歳の万次郎は船の中で少し英語を覚えて、「アメリカに連れて行って」と船長にたのんだ。万次郎は船長に「ジョン・マン」という名前をつけてもらって、そのまま船に乗ってアメリカへ行き、船長の家に住むことになった。そして、学校にも通わせてもらった。万次郎はいっしょうけんめいに勉強して、英語が話せるようになった。大学を卒業してからは、船に乗って世界中の海で鯨をとる仕事をした。そして 1850 年に自分の船を買って、それに乗って日本に帰った。

　帰国した万次郎は、長崎で 1 年半の間、アメリカで何をしたかを調べられたが、1852 年に家に帰ることができた。そして英語の教師になった。

　しかしその次の年、万次郎は江戸（今の東京）に呼ばれた。アメリカから黒船と呼ばれる船が来たので、通訳をすることになったのだ。その後も、万次郎は大学で英語を教えるなど、72 歳で土佐で亡くなるまで国のためにいろいろな仕事をした。

Q　万次郎が生活した場所はどこですか。順番に書いてください。

土佐　→　（　　　　　　）　→　（　　　　　　　）　→　（　　　　　　）
→　（　　　　　　）　→　（　　　　　　）　→　土佐

Q　今日は一日、「日本の料理」セミナーに参加します。「日本料理を作る」の講座には申し込んでありますが、ほかに受ける講座は会場に行ってから決めるつもりです。10時10分に会場に着きました。これから参加できるのはどれですか。　（　　　）

a　「日本料理と健康」　　　　　　b　「江戸時代の料理」
c　「日本料理の歴史」　　　　　　d　「日本料理を作る」

「日本の料理」セミナー

プログラム

A会場	B会場
「日本料理と健康」 10：15 〜 11：00 和食が体にいい理由を知りましょう。お話は料理研究家の青木花先生です。 ※前日までに申し込んでください。	「正月料理の意味」 10：00 〜 11：00 正月に食べる料理一つひとつの意味を知りましょう。 ※途中からは入れません。
「江戸時代の料理」 11：15 〜 13：00 今から200年ほど前の料理を食べてみましょう。 ※午前9時から10時まで受付でチケットを配ります（30名）。チケットがないと、参加できません	「日本料理の歴史」 11：30 〜 13：15 日本ではどんな料理が食べられてきたのか、知りましょう。
「日本料理クイズ」 14：30 〜 16：00 クイズを楽しみながら、日本の料理を知りましょう。プレゼントもあります！	「日本料理を作る」 13：30 〜 16：30 かんたんな日本料理を作ってみましょう。 ※前日までに申し込んでください。

Q　女の人と男の人が本屋で本の紹介を読みながら、話しています。
　　女の人はどの本を買いますか。　（　　　）

a

『うちの楽しい家族』

　　　　著者：山下高太郎

今年一番おもしろい本！
笑って、すっきりしましょう！

b

『朝のしずかな海』

　　　　著者：大森有一

読んだら、あなたも泣いて
しまうでしょう。そして、
心があたたかくなります。

c

『このプレゼントをあげる』

　　　　著者：前川春

楽しいパーティーにだれも
知らない人が一人…。この
男はだれ？
ちょっとこわい話です。

d

『約束したのに』

　　　　著者：小山なおこ

サッカー選手になるのが夢
だった…。16歳で死んでし
まった大切な息子・ノゾミ
の物語。

　本書は、初級レベルの学習者が「読む」ことに慣れて、「短い時間で正確に読む力」をつけることを目的にして作成しました。

　「読む力」を伸ばすには、少し難しいものにチャレンジをしていく必要があります。しかし、少し難しいものに挑戦するとき、少しやさしいレベルの文章を「しっかり、楽に読む力」を持っていないと、ただ難しくて大変な作業になり、読む力を伸ばすことにつながらなくなってしまいます。つまり、「読む力」を伸ばすには、①少しやさしい文章を楽に読めるようになるトレーニング、②少し難しい文章にチャレンジするトレーニング、の二つが必要だということです。スポーツで言うと、①は基礎体力養成と、今の技を意識しなくても楽にできるようになること、②は新しい技を身につけること、に相当します。①の基礎体力が養成されていることで、スムーズに次のレベルの力を養成することができます。

　本書は、①をねらいとする学習活動の教材として使っていただきたいと考えています。1日に1題、10分程度の学習活動を続けることで、「短い時間で正確に読む」トレーニングをしていただくことができます。120題の読解問題がありますので、毎日継続して読ませてください。日本語の学習を始めて、ひらがな・カタカナの学習が終わったころから始められるようになっています。読解問題は、やさしいものから難しいものへと並んでいます。「使用文型・ことば・表現リスト（☞ p.133-142)」では、各読解問題に、主にどんな文型・語彙・表現が使われているか、一目でわかるようにしました。

　読解問題の素材としては、日常生活の実践的な読みの力の養成につながるように、メール、メモ、SNS、記事、エッセイ、案内、お知らせなどを用意しました。文章の内容が理解できたかどうかを問う問題だけでなく、案内やお知らせなどを読んで必要な情報を探し出す（情報検索）問題、案内やお知らせなどを見ながら会話を聞いて必要な情報を読み取る（聴読解）問題も入れました。聞き取りと読み取りを同時にする「聴読解」は、日常生活で必要なスキルの一つです。初級のうちから慣れておくと役に立ちます。

　聴読解の問題には、音声がついています。そのほかの読解問題の音声も用意しています（一部の問題を除く）。音読用の素材として、ぜひご活用ください。音読の練習をすることは発話力の養成につながると期待されます。

　漢字の使用については、初級でまず学習する漢字から使い始めて、Day31以降は生活の中でよく使われる漢字は漢字表記にしました。Day1〜Day60は総ルビ、Day61〜96はN5相当の漢字にルビなし、Day97〜Day120はＮ５・Ｎ４相当の漢字にルビなし、としました。

　読む活動の仕方も大切です。先生の指示で読んで、先生の質問に答えるという受動的な読み方ではなく、学習者自身が自分の考えで読み進めて、わかったことやわからないことをクラスメートなど他の人と話し合う中で、能動的な読み方が身につくと考えます。互いに読み取ったことを伝え合い、質問し合いながら読みの活動を進めてください。その活動をすることで、新しいことに気づくことができ、自分の考えを言葉にして言うことで、考えが明確になり、「読み」が深まると期待されます。

　読み終わったら、「もくじ（☞ p.003-007）」に「読んだ日」や「かかった時間」を記録させてください。楽に読めるようになるまで、くり返して読むことをおすすめします。

※『つなぐにほんご初級』の教科書もお使いの場合は、各課の終わりにある「よみましょう」と併用してお使いください。『つなぐにほんご初級』の「よみましょう」は、②の「少し難しい文章にチャレンジするトレーニング」のための教材として作成されています。

〈学習の進め方〉
1日1題10分程度学習します。
学習活動は、以下のように二人で行うと、より効果があります。
1．一人で読んで、質問に答える。（1〜2分程度）
2．二人で、読み取った内容を確認し合う。（5分程度）
3．二人で話し合ったこと、質問の答え、その理由を教師に報告する。（1〜2分程度）
4．教師は、報告を聞いて、ポイントを確認する。

聴読解の問題では、聞き取りと読み取りを同時に練習します。
1．一人で音声を聞きながら、読む。
2．二人で、読み取った内容を確認し合う。
3．もう一度、一人で音声を聞きながら読んで、内容を確認する。
4．二人で、読み取った内容をもう一度確認し合う。
5．二人で話し合ったこと、質問の答え、その理由を教師に報告する。（1〜2分程度）
　　※話し合いが終わった人から報告に来るようにすると時間が短縮できます。
6．教師は、報告を聞いて、ポイントを確認する。
7．必要に応じて、音声をもう一度聞いて、内容を確認する。
　　※個別にでもクラス全体ででも、必要に応じてで構いません。

使用文型・ことば・表現リスト

リストにある文型・ことば・表現をすべて知っていなければ、問題が解けないということではありません。あくまでも参考にお使いください！

Day1 ～ Day60は、初級前半であるため、できるだけ丁寧に文型・ことば・表現を拾っています。Day61 ～ Day120は、初出の文型・ことば・表現を中心に拾っています。

🔍 …情報検索の問題　　🎧 00 …聴読解の問題

Day	ページ	音声	問題を解くのに必要な文型	そのほかの文型	ことば・表現
☐ Day1-1	p. 8				
☐ Day1-2	p. 9				
☐ Day2-1	p. 10		Aは Bです		明日／天気／晴れ／曇り／雨
☐ Day2-2	p. 11		Aは 何パーセント (%) ですか／Aは 何度 (℃) ですか		週間天気／日付／天気／降水確率／気温／最高／最低／パーセント (%) ／度 (℃)
☐ Day3	p. 12		Aの【位置】は Bです／どの 人ですか		人／一番／右／隣／後ろ／前／左
☐ Day4	p. 13	○	Aの B (所属) ／Aは Bです／【国】から 来ました		新しい／学生／初めまして／大学／学生／ベトナム／どうぞ よろしく お願いします／先生／国
☐ Day5	p. 14	○	Aは Bです／でも、～／Aの B	～ね／～よ	～さん／おはようございます／今日／いい／天気／夜／花火／雨／今
☐ Day6	p. 15	○	Aは【国】から【国】へ 来ました／【年】に 来ました	【国】に Aが あります／【国】に どんな Aが ありますか	日本／いろいろな／国／飲み物／お茶／～年頃／中国／コーヒー／オランダ／紅茶／イギリス／～ぐらい前
☐ Day7	p. 16	○	全部で いくらですか		昼ご飯／お願いします／サンドイッチ／2つ／コーヒー／1つ／おにぎり／お茶／ハンバーガー／りんごジュース／よろしく お願いします／円
☐ Day8	p. 17	○	Aの【位置】です／Aは どこですか	今、どこですか	～さん／～階／めがね／～売り場／帽子／隣／エレベーター／前／エスカレーター／近く／わかりました
☐ Day9	p. 18	○	この Aは ～ですか／Aの B (所有) ／【い形容詞】の／それは Aです／だれのですか	Aと B	傘／黒い／白い／短い
☐ Day10	p. 19	○	【日時】に【場所】へ 行きます／【目的地】は【場所】から【交通手段】で【所要時間】です／～たいです／いつ ～ますか／何時に ～ますか	【人】と／【交通手段】で 行きます／～ませんか	今週／土曜日／～月／～日／公園／駅／バス／～分／～時半／私たち／～分前／バス停／一緒に
☐ Day11 🔍	p. 20		【人】は Aを ～ました／Aと B／Cも ～ました／全部で いくらですか		～セット／刺身／食べます／天ぷら／二人／コーヒー／飲みます／メニュー／サラダ／卵焼き
☐ Day12 🎧 01	p. 21	○ (聴読解 1)	【人】は どの Aを ～ますか／これ／ください	Aは どこに ありますか	男の人／本／買います／知ります／言葉／黄色い／りんご／小さい／学校／時間／話／すみません／いらっしゃいませ／あのう／こちら／ありがとう ございます／じゃあ

□Day13	p. 22	○	（A)は Bの【位置】に あります／【位置】の A／どこですか	Aは Bが【な形容詞】です／Aは Bが【い形容詞】です	公園／近く／カフェ／紹介します／隣／春／桜／きれいな／病院／向かい／コーヒー／チョコレートケーキ／〜を どうぞ／スーパー／花屋／この／いちごケーキ／おいしい
□Day14	p. 23	○	今、どこですか／【人】は【場所】に いいます／【場所】です／【交通手段】で【目的地】へ 行きます／どこに いますか／どこへ 行きますか	Aは【時間】に 来ます／【目的地】まで【所要時間】かかります	〜さん／今／すみません／駅／これから／電車／次の
□Day15	p. 24	○	【場所】で 何を しますか／Aを 〜ます	〜ましょう／【日時】に【行事・イベント】が あります	日本語／話します／〜町／図書館／毎週／土曜日／クラス／休み時間／お茶／お菓子／〜を どうぞ／漢字／勉強します／会話／日本人／お問い合わせ／本／読みます／練習を します／歌／歌います
□Day16	p. 25	○	でも、〜／〜ました／〜ませんでした／【場所】で 〜ました	Aは Bが 〜です／【時間】まで／そして、〜／とても〜	土曜日／日曜日／休み／金曜日／夜／いつも／ゲームを します／昨日／寝ます／今日／起きます／午前中／プール／午後／図書館／勉強します／うち／映画／見ます／いい／一日／この 人／泳ぎます／映画館
□Day17	p. 26	○	Aを 〜ます／Aを 持って 行きます／Aを お願いします	Aは どうしますか／Aの【位置】に Bが ありません	〜さん／こんばんは／日曜日／バーベキュー／楽しみな／買い物／公園／近く／スーパー／私／土曜日／肉／野菜／買います／果物／飲み物／〜を お願いします
□Day18	p. 27	○	いつ 〜ますか／【交通手段】で 行きます／全部で いくら かかりますか	Aを【目的】に 行きます／〜ませんか	相撲／見ます／〜月／〜日／土曜日／お弁当／学校／〜ホール／バス／申し込み／受付／乗ります／クラス／名前
□Day19	p. 28	○	Aと B／Aに しました／全部で 〜でした／Aは 何でしたか	【場所】へ Aを【目的】に 行きます／【い形容詞】い A／でも、〜／【な形容詞】な A／Aも 〜たいです	友だち／一緒に／駅前／新しい／レストラン／昼ご飯／食べます／〜さん／ピザ／プリン／ちょうど／きれいな／サンドイッチ
□Day20	p. 29	○	Aは Bの Cです／Aは【い形容詞（味)】です	Aから Bまで／【な形容詞】な A／でも、〜	たらこ／スパゲッティー／イタリア／料理／子ども／お年寄り／みんな／好きな／食べ物／日本人／アイデア／魚／卵／ちょっと／塩辛い／海／味／ぜひ どうぞ／小さい／すっぱい
□Day21	p. 30	○	Aが ない B／Aは いつですか	Aは Bが【い形容詞】です／【期間】に【回数】あります／そして、〜	日本／祝日／多い／1年間／〜日（間）／〜月／連休／ほかにも／月曜日／土曜日／たくさんの 人／いろいろな／所／出かけます／ない／月
□Day22	p. 31	○	Aは【な形容詞】な Bです／〜から、〜（理由）／どんな Aですか／どうして 〜ますか	【場所】に(は) Aが あります／【場所】から【交通手段】で【所要時間】です／ここは 〜です	〜県／空港／地下鉄／〜分（間）／とても／にぎやかな／町／おいしい／食べ物／たくさん／その 中で／ラーメン／人気が あります／〜の近く／勉強／神様／神社／学生／来ます
□Day23 🔍	p. 32		【期限】までに／【人数】で／〜たいです／いつ 〜ますか	Aは【場所】へ 〜ます	〜さん／タイ／出張します／前の 日／3人／ミーティングを します／〜日／〜曜日／中国／休み／ベトナム／インド
□Day24 🎧 02	p. 33	○（聴読解2）	どれを 〜ましたか／〜ましたから	Aと B／【人】が【場所】に います／〜ませんか／〜から、〜（理由）／【い形容詞】かったです	女の人／男の人／レストラン／食べます／ランチ／メニュー／スパゲッティー／デザート／サラダ／ステーキ／来ます／いただきます／おいしい／あのう／私／お腹／いっぱい／大きい／サラダ／おいしい／ごちそうさまでした

□ Day	ページ	✓	文型	文法項目	例文の語
□ Day25	p.34	○	A が あります／[範囲] で一番 [い形容詞]／[な形容詞] な A／い A／そして、～	A は B が [な形容詞] です／A は [い形容詞] です／B が [い形容詞] です／い A／[な形容詞] な A／A は どれですか、～／そして	四国／4つ／県／広い／有名な／小さい／うどん／とても／おいしい／いい／いい／いい／温泉／隣／祭り／もの
□ Day26	p.35	○	[時期] に [場所] で ～ました	[い形容詞]かったです／[な形容詞]でした／[な形容詞]ではありませんでした／[名詞]でした／～たいです／A は どれですか／～ても、～／そして、～	スキー／冬休み／初めて／雪／とても／きれいな／簡単な／難しい／もっと／練習します／その後／入ります／気持ちが／いい／おいしい／蕎麦／食べます／いい／所／また／行きます
□ Day27	p.36	○	[場所] で [行事・イベント] がある／[手段] で	[動詞-辞書形]／[な形容詞] な A／[普通形] + [名詞]／[名詞]だ	毎年／～月／～県／100万人／～ぐらいの／人／見ます／行きます／とても／有名な／祭り／～チーム／人たち／道／踊ります／右／左／手／持ちます／音／出ます／楽器／にぎやかな
□ Day28	p.37	○	どこで ～ますか／どうして ～ません／A と 聞きます／A や B など／そして／～ない／何も ～ない／だれも ～ない	[動詞-辞書形]／[動詞-ない形]／～から(理由)／～たくないです／[範囲] の中の [数]	朝ご飯／～について／アンケート／結果／～社／男女／～人／会社／～町／家／会社／レストラン／同じ／～ぐらい／理由／寝ます／時間／朝／家族／半分
□ Day29	p.38	○	～が、～(逆説)／あまり ～ない／だから、～	[普通形-現在肯定]／～から、～(理由)／[普通形-現在否定]／い A／[範囲] で一番 [い形容詞]／な形容詞	日本／小さい／国／南北／長い／北／南／気温／違います／～市／冬／寒い／夏／高い／クーラー／使います／～ぐらい／家／多い／近く／一年間／少ない
□ Day30	p.39	○	その A／～たいです／～する	[動詞-た形]／[普通形-過去肯定]／[普通形-過去否定]／[場所] に行った／何も ～なかった／だれが ～ましたか／何を ～ましたか	学校／近く／店／ネパール／料理／食べます／とても／おいしい／今日／隣／カラオケ／行きます／日本／歌／歌います／英語／みんな／ベトナム／ない／今度は／ぼく／明日／練習します／書きます
□ Day31	p.40	○	～ない？／～の？	[普通形] + [名詞]／[普通形] と	うち／私／部屋／前／今／わあ／使います／全部／捨てます／重い／大変な／今度の／週末／行きます／新しい／引っ越します
□ Day32	p.41	○	～方／[普通形] + [名詞]です／～まで／何も ～ない／～ましょう	～てください／～ないでください／その A／A を もらいます／A に B を 書きます／A を [場所・人] に 出します	本／借ります／人／図書館／カード／受付／持って／来ます／～冊／初めて／作ります／申込書／出します／名前／住所／みんな／大切に／読みます／順番／持って／行きます
□ Day33	p.42	○	[目的] に 来ます／そして、～でも／～	～ています (現在の行動)／まだ ～ます	友だち／泳ぎます／海／とても／きれいな／海／とても／バーベキュー／～人／肉／焼きます／おいしい／ぼく／食べます／サーフィン／今／午前中／～時間／～ぐらい／～分前
□ Day34	p.43	○	～てください／～から、～(理由)／A や B	～ないでください／～てはいけません／～ましょう／～てもいいです／[動詞-辞書形] こと	公園／ルール／自転車／駐輪場／止めます／中／乗ります／危ない／ボール／遊びます／火／使います／お弁当／ゴミ／持って／帰ります／木／花／大切にします
□ Day35 ⚲	p.44		～て、～(行為の順番)／～まで／～までに／どうやって ～ますか／[動詞-辞書形] で／[交通手段] で		午前／～時／～分／学校／行きます／美術館／出ます／バス／電車／～円／歩きます

☐ Day36 🎧 03	p. 45	◯ (聴読解 3)	全部で いくらですか／〜たいです／A と B で【値段】／A じゃなくて、B ／A に します	〜て います（現在の行動）	女の人／男の人／ネットショッピング／サイト／見ます／二人／買い物／テレビ／〜インチ (inch)／ノートパソコン／タブレット／新しい／パソコン／ほしい／安い／ぼく／買います／小さい／〜万円／高い／とても／いい／それ／これ／そうだね
☐ Day37	p. 46	◯	〜て から、〜／〜て ください／【人】に 聞きます	〜までに／〜て います（結果の状態）	〜クラス／〜さん／夏休み／ホームステイ／説明書／申込書／よく／読みます／書きます／金曜日／午後／出します／青い／眼鏡を かけます／男の人／わかります／この 後／初めに
☐ Day38	p. 47	◯	〜て いました（結果の状態）／〜て います（結果の状態）／【目的】に 行きます	【い形容詞】くて、〜	去年／ベトナム／留学します／今年／結婚します／今／料理／レストラン／経営します／安い／おいしい／趣味／旅行／店／写／アップします／見ます
☐ Day39	p. 48	◯	(A) は B が【形容詞】です／〜が、〜（逆説）		公園／紹介します／緑／多い／ジョギング／コース／あります／駐車場／狭い／駅／歩きます／〜分／隣／美術館／バーベキュー／エリア／事務所／予約します／地図
☐ Day40	p. 49	◯	【人】に【物】を あげます／【人】が【物】を もらいます／〜という A ／〜だけ	【人】に【物】を もらいます／A に なります／〜た とき、〜／〜ましょう	日本／バレンタインデー／女の人／好きな／人／チョコレート／私／あなた／恋人／メッセージ／とても／嬉しいです／待ちます／友だち／これからも よろしく／意味／よく／考えます
☐ Day41	p. 50	◯	〜て、〜（行動の順番）／【人】に 〜て もらいます	〜までに	会議／資料／メール／送ります／去年／発表会／データ／見ます／作ります／課長／チェックします／去年／コピーします／会議室／予約します／来週／火曜日／順番／やります
☐ Day42	p. 51	◯	〜と 話します／〜て いただいて、ありがとうございました／【目的】に 行きます	〜て、〜（理由・原因）	高校生／迷子／女の子／交番／昨日／午後／〜時頃／〜歳／娘／家族／警察／連絡／その後／連れて 来ます／無事に／家／帰ります／高校／小さい／学校／〜の前／一人／泣きます／びっくりします／車／多い／道／心配な／話します／連れて 行きます／本当に／娘／お礼
☐ Day43	p. 52	◯	A に B を 入れます／〜て、〜（行為の順番）	〜て ください	電子レンジ／簡単な／おいしい／ツナ／トマト／パスタ／材料／スパゲッティー／g（グラム）／トマト／缶詰／水／cc（シーシー）／半分／折ります／大きい／お皿／塩／少し／混ぜます／上／ラップ／W（ワット）／〜分／〜ぐらい／一度／出します
☐ Day44	p. 53	◯	〜と、〜／〜できます／〜前に、〜／〜て ください／〜ないで ください／〜ては いけません	〜ことも あります／〜方／〜ましょう	日本／温泉／以上／あります／〜℃（ど）／〜ぐらい／熱い／あまり〜ない／ゆっくり／入ります／リラックスします／病気／けが／体／洗います／タオル／お湯／入れます／楽しい／〜の中で／泳ぎます／たくさんの／気を つけます／全部／選びます
☐ Day45	p. 54	◯	〜て くれない？／〜て みます	〜んだけど、〜／〜とき、〜／〜たいです	〜ちゃん／私／来週／テレビ／出ます／水曜日／クイズ／番組／見ます／すごい／がんばってね／で、〜／お願いが あります／ワンピース／貸します／着ます／あれ／姉／今晩／聞きます／本当？／ありがとう／よろしく
☐ Day46	p. 55	◯	A なので、〜／A なのです	〜でしょうか／〜でしょう／〜て みたいです	これ／動物／鳴き声／日本／犬／表します／鳴きます／猫／牛／ライオン／では／キリン／知ります／人／多い／実は／仲間／同じ／聞きます

□Day47 🔍	p. 56		【普通形】＋【名詞】／全部で いくら かかりますか	【目的】に 行きます／そして、～	～さん／今度の／日曜日／みんなで／いちご狩り／奥さん／小学校／入ります／男の子／去年／生まれます／女の子／料金／～分間／大人／中学生／子ども／～歳
□Day48 🎧 04	p. 57	○（聴読解４）	Aの とき、～／Aが いいです／～て、～（行為の順番）	～て います（現在の行動）／～たいです／～て（ください）／どれに する?／～けど…／～かなあ	デパート／男の人／女の人／話します／二人／この後／行きます／地下／～階／買い物／クリスマスプレゼント／チケット／お買い物／ありがとうございます／みなさま／用意します／受付カウンター／カードゲーム／ネクタイ／アクセサリー／ワイン／全部／終わります／疲れます／コーヒー／飲みます／ちょっと／待ちます／もらいます／本当は／ほしい／でも／来週／パーティー／みんな／使います／もの／そうだね／じゃあ／それから
□Day49	p. 58	○	～て、～（行為の順番）／～て もらいます／～たら、～／そして、～／～て みます	Aは ～ことです／～と いいです／～ませんか	みなさん／入学／おめでとうございます／先輩／メッセージ／私／いい／思います／勉強／やります／日記／書きます／友だち／一緒に／次の／日／読みます／下／書きます／知ります／言葉／覚えます／作文／会話／使います／楽しい／順番／渡します／受け取ります／自分／返します
□Day50	p. 59	○	【普通形】＋【名詞】／何の Aですか	～て ください	チケット／定員／～名／食べ物／言葉／文化／紹介します／音楽／人気／バンド／コンサート／ダンス／グループ／みなさん／踊り／楽しみます／～名様／旅行／プレゼント／あります／料理／食べます／みんな／一緒に／旅行する
□Day51	p. 60	○	～ので、～／【動詞 - 意向形】と 思っています	～を 走ります／～たり、～たり します／～て、～（理由・原因）／～たいです	楽しい／自転車／旅行／夏休み／一昨年／去年／今年／一週間／～の中で／～日間／雨／降ります／大変な／おいしい／もの／食べます／きれいな／景色／見ます／初めての／本当に／楽しい／でも／とても／広い／まだ／行きます／所／たくさん／あります／また
□Day52	p. 61	○	【い形容詞】く なります／【な形容詞】に なります／～たら、～	Aの 前に、～／～て、～（理由・原因）／～て みます／～て、～（行為の順番）	薬／仕事／忙しい／疲れます／元気／出ます／そんな／飲みます／すぐに／体／温かい／運動します／よく／食べます／寝ます／勉強／遊び／がんばります
□Day53	p. 62	○	【動詞 - 条件形】	【動詞 - 意向形】／～たら、どうですか	悩み／相談／私／恋人／中国人／結婚／約束／でも／中国／会社／就職／決まります／来月／帰国します／一緒に／行きます／言います／中国語／できます／友だち／います／住みます／練習します／上手な／みんな／心配な／難しい／問題／家族／よく／話します／まず／勉強します
□Day54	p. 63	○	～と、～／【い形容詞】く なります／～たら、～	～た ことが あります	フラミンゴ／ピンク色／きれいな／鳥／あなた／白い／見ます／実は／生まれます／藻／水／～の中／草／食べます／βカロチン／入ります／人参／唐辛子／赤い／色／もの／体／だんだん／初めは／みんな
□Day55	p. 64	○	～なく なります／【い形容詞 - 条件形】／～たら、～／～て しまいます／～でしょう	Aか Bか／～からです	動物／オス／メス／数／だいたい／1：1／今／ウミガメ／少ない／オーストラリア／調べます／パーセント (%)／地球／温度／高い／卵／～の中／周り／場所／決まります／低い／これから／もっと／上がります／生まれます／いません／暑い／死にます
□Day56	p. 65	○	～ながら、～／～とき、～／～たら、～／～できて いいです／～ては いけません／～と、～できます	～でしょう／～のです／～て みます	テレビ／スマホ／見ます／勉強／できます／では／音楽／好きな／聞きます／リラックスする／思います／静かな／場所／始めます／すぐに／疲れます／海／川／木の葉／音／自然

□Day57	p. 66	○	～できます／～なければ、～／～とき、～	～方	練習／問題／教科書／あります／パソコン／使います／ホームページ／ダウンロード／スマートフォン／アプリ／説明／パスワード／公式
□Day58	p. 67	○	～から、～／～けど、～／【い形容詞】くなります	～の？／Aも ～ません／～んだ／～ちゃった／それで、～／【動詞 - 意向形】	今日／ごめんね／海／楽しい／～くん／来ます／連絡／みんな／心配します／スマホ／家／忘れます／駅／おなか／痛い／トイレ／帰ります／寝ます／今／起きます／大丈夫な／病院／行きます／ううん／じゃあ／今度は／一緒に
□Day59 🔍	p. 68		【動詞 - 意向形】と 思って います／～から ～まで		クラス／大学生／～さん／ヨガ／始めます／授業／平日／午前／午後／週末／アルバイト／将棋／習います／仕事／休み／夜／カルチャーセンター／毎週／～回／一か月／小学生／クラス／定休
□Day60 🎧 05	p. 69	○（聴読解5）	【動詞 - 意向形】と 思って います／～ので、～／～た ことが あります	【普通形】＋【名詞】／Aや Bなど	女の人／男の人／料理教室／パンフレット／見ます／入ります／クラス／和食／洋食／簡単な／練習します／クラス／お正月／特別な／作ります／いろいろな／国／デザート／ピザ／スパゲッティー／イタリア／来月／行きます／見せます／ぼく／習います／もうすぐ／仕事／間に合います／好きな／勉強します
□Day61	p. 70	○	【尊敬語】	～た後（で）、～	敬老会／お元気で／敬老の日／お祝い会／いらっしゃいます／ご覧になります／召し上がります／楽しみにします／子どもたち／おっしゃいます／お祝いします
□Day62	p. 71	○	ご～になります／お～になります／～ていただけませんか	～ので、～／～前に、～	お疲れさまです／お先に失礼します／部長／出席します／出かけます／資料／机／出発／予定／タクシー／呼びます
□Day63	p. 72	○	～ていただきます／謙譲語	～でしょうか	わさび／お買い上げ／アンケート／答えます／全員／新商品／差し上げます／意見／商品／当社
□Day64	p. 73	○	お～します／ご～します	お～ください	スポーツ／会員／招待／セール／特別な／お客様／スペシャル／レジ／チケット／見せます／オフ／用意します
□Day65	p. 74	○	AはBより～／【い形容詞】さ	【い形容詞】くて、～／～ことができます	生まれます／テニス／バレーボール／似ています／柔らかい／コート／真ん中／ネット／相手／打ちます／打ち返します／ラケット／安全な／お年寄り／楽しみます
□Day66	p. 75	○	～つもりでした／～たらどうですか／～たほうがいいです	～だろう／～てしまいます／～たら、～／～たり、～たりします	最近／趣味／ゲーム／世界／素晴らしい／忘れます／時計／生活／大切な／眠い／やめます／ノート／きっと／考え
□Day67	p. 76	○	～のに使います／～と、～／～ことができます	～て、～（理由・原因）／【動詞 - 条件形】	おすすめ／一家／～台／充電器／台風／地震／電気／止まります／携帯電話／充電／なくなります／本当に／困ります／こちら／便利な／パネル／開きます／明るい／置きます／つなぎます／強い／太陽／光／部屋／安心な
□Day68	p. 77	○	～ないつもりです／【い形容詞】くします／～なくてはいけません	【い形容詞 - 条件形】／～し、～	将来／物価／留学／アルバイト／給料／上手に／筆者／～に合います
□Day69	p. 78	○	～と、～があります	～やすいです／～んです	観光／協会／花火大会／会場／浴衣／山／～の方／まっすぐ／橋／曲がります／遠い／ビル

□Day70	p. 79	○	～て から、～／～たら、～／～て、～（行為の順番）	まだ～ていません／～し、～から、～	親子丼／材料／ご飯／鶏肉／玉ねぎ／卵／砂糖／大さじ／しょう油／みりん／晩ご飯／メニュー／決まります／いかがですか／まず／切ります／次に／鍋／ガス／火／つけます／熱い／煮ます／最後に／載せます
□Day71 🔍	p. 80		～て、～／～てもらいます	～が、～（逆説）／～ので、～	平日／戻ります／お知らせ／荷物／ご不在連絡票／届けます／持ち帰ります／希望／再配達日／知らせます／受付
□Day72 🎧 06	p. 81	○（聴読解6）	～てはいけません／～ことができます	～たら、～／～てもいいです／～てあります／【動詞 - 可能形】	試験／担当／説明します／～について／質問します／筆記試験／作文／昼休み／面接／貿易／入社試験／注意／スマホ／辞書／早く／食事／フリー／Wi-Fi／順番／ホームページ／受けます／紙
□Day73	p. 82	○	【動詞 - 可能形】／～ではなくて、～	ご～ください	B級グルメ／お好み焼き／ギョーザ／大人気／集まります／人気／イベント／日本全国／教えます／コンテスト／～位／選びます／無料／参加します／市役所
□Day74	p. 83	○	～なくてはいけません／～のでしょうか	【疑問詞】でもいいです／～し、～から、～／～てはいかがでしょうか	悩み／相談／先月／週末／連れて行きます／送ります／車を降ります／ガソリン代／払います／誘います／変な／銀行員／残念な／そんなこと／考えます
□Day75	p. 84	○	【動詞 - 受身形】／～と 考えています／～たら、いいですか	～のか／～やすい／～でなければ、～ません	面接／就職試験／理由／必ず／質問します／入社します／将来／社員／力を合わせます／ですから／まず／やりたいこと／はっきり／そう思います／思い／伝えます
□Day76	p. 85	○	～だけでなく、～／～が見えます／～が聞こえます	～のは大変です	ぼくたち／足／悪い／車いす／住みます／不便な／入口／狭い／何度も／エレベーター／手伝います／目／耳／困ります
□Day77	p. 86	○	Aが【自動詞】／～たら、～／【動詞 - 可能形】ようにします	～てしまいます／～なくなります	市役所／市民／もうすぐ／台風／季節／倒れます／けがをします／そば／通ります／～か所／安全／確認／物／壊れます／連絡します
□Day78	p. 87	○	Aが【自動詞】ています／～だけでなく、～	もし～たときには、～	忘れ物／落とし物／注意／先週／図書館／落ちます／情報／取ります／警察／届けます／教科書／事務局／自分／持ち物／なくします／一度／注意します
□Day79	p. 88	○	お～でないA／～てしまいます	～ので、～	診察／受けます／初めて／受付／申込書／保険証／コピー／予約／診察券／受診票／受け取ります／確認します
□Day80	p. 89	○	～ので、～／～のです／～ようにします／～たほうがいいです	【範囲】に【数】／～と言われています／～でしょう	花粉症／花粉／アレルギー／鼻水／止まります／くしゃみ／かゆい／サクラ／春／飛びます／嫌な／季節／また／スギ／ヒノキ／増えます／時期／マスク
□Day81	p. 90	○	Aが【自動詞】ています／～のに気づきます／～たほうがいいです／～ちゃった／～かな	まだ～ていません／～のに／～なくちゃ／Aとか	リュック／ポケット／汚れます／気がつきます／取りかえます／レシート／財布／捨てます／コート／見つかります／紙袋
□Day82	p. 91	○	～たら、～／～のをやめます／Aの後、～／～前に／【疑問詞】ばいいですか	～ても、～ときは、～	薬／説明書／色／形／働き／～錠／熱／下げます／食後／下がります／鼻水／朝食／夕食／担当／医師／相談します／～袋／ひどい／夕べ
□Day83 🔍	p. 92		～と思っています／【な形容詞】なので、～／～と考えています	【動詞 - 条件形】／～ことができます	苦手な／必要な／レベルチェックテスト／～点／ビジネス／文書／今学期／○を付けます／点数／敬語／書類／場面／準備をします

☐ Day84 ♩ 07	p. 93	○（聴読解7）	～ながら、～／～ましょう	【動詞 - 意向形】と思います／～し、～／～にします	カラオケ／～部屋／～以上／タイプ／～以下／無料／忘年会／予約します／参加します／全員／半分／分けます
☐ Day85	p. 94	○	Aから【期間】	～ても、～／～そうです（印象）／～てみます／～ませんか	写真展／難民／逃げます／文化センター／行います／難民キャンプ／悲しい／母親／写真／平和な
☐ Day86	p. 95	○	～ようです／～たばかりです／～のに	【動詞 - 受身形】／～のかな	運転手／お客さん／救急車／けがをします／運びます／警察／事故／こわい／交差点／目の前／事故が起きます／ぶつかります／よく
☐ Day87	p. 96	○	【動詞 - 受身形】（迷惑）／～たら、～	～たり、～たりします／しかし、～／～かどうか～	女性／なぐります／現金／財布／取ります／ごみを出します／戻ります／軽い／けがをします／探します／泥棒／事件／～件／これまでは／昼間／窓ガラス／割ります／玄関／かぎ／壊します／閉まります／犯人／外出します／かぎをかけます／呼びかけます／早朝／ゴミ出し
☐ Day88	p. 97	○	～ています（結果の状態）／～なくなります	【謙譲語】／～ますでしょうか／～なくても、～	忘れ物／～について／ホテル／～御中／～号室／宿泊します／お世話になりました／実は／伺います／ファイル／コンサート／～枚／見つかります／サービス
☐ Day89	p. 98	○	AがBに変わります／～ことに決めます	～ではなくて、～／～なのでしょうか／～たとき（は）、～でした／すると、～／～という意味で【動詞 - 受身形】／～ので、～	流れます／血／～型／血液型／実は／研究／後から／両方／性質／見つかります／間違えます／専門家／相談します
☐ Day90	p. 99	○	【物】をくれます／～ときに、～／【動詞 - 受身形】（非情の受身）／～てもらいます／～やすいです	～ています（結果の状態）	ちょうど／自動販売機／ポケットティッシュ／終り頃／多くの／知らせます／やり方／ティッシュ／（店が）できます／情報／インターネット／もっと／伝えます／使い終わります／何度も／サービス／覚えます／時間がかかります／効果があります／よく
☐ Day91	p. 100	○	AのようなB／お～します	～てくださいます／【動詞 - 可能形】ように、～	クラス会／久しぶり／奥様／ヨーロッパ／びっくりします／卒業式／いつか／思い出します／チャレンジします／お目にかかります／ずっと／お元気で
☐ Day92	p. 101	○	AかB／～ていただきます／～なら、～／～ても、～／お～します／お～ください		最新／モデル／注文します／支払い／クレジットカード／～払い／送料／無料／休業／サービス／キャンセル／受けます／返品／交換／返します／～足
☐ Day93	p. 102	○	【普通形】＋【名詞】	～ておきます／～と、～／～てみます	大好きな／遊び／頭／テーマ／例えば／反対／最後／文字／最初／終わります／ミックスします／ぜひ
☐ Day94	p. 103	○	Aではなくて、B／～ています	～たら、～／【動詞 - 受身形】／すると、～	急に／食中毒／原因／細菌／生もの／注意します／気をつけます／それなのに／高熱／インフルエンザ／ウイルス／違います／気になります／調べます／細胞／生物／栄養／分けます／どんどん／増えます／ＤＮＡ／（病気が）うつります／広げます／違い
☐ Day95 🔍	p. 104		Aだけではなくて、Bも～／～つもりです／～まで		ジム／通います／マシントレーニング／水泳／習います／平日／コース／いつでも／しっかり／トレーニングします／動かします／続けます／エアロビクス
☐ Day96 ♩ 08	p. 105	○（聴読解8）	～のを忘れます／～てしまいます／～んです	【動詞 - 受身形】（尊敬語）／【他動詞】てあります	伝言メモ／人事部／書類／置きます／ミーティング／夕方／お帰りなさい／お疲れさまでした／電話番号／申し訳ありません

Day	ページ	チェック	語彙	文型
□Day97	p. 106	○	緊張／大勢／試合／緊張します／うまくやります／失敗します／心／固い／息／吸います／吐きます／首／肩／回します／リラックスします／慣れます／楽な	～はずです／～、また、～／～ときがあります ～てしまいます、～
□Day98	p. 107	○	健康／セミナー／スケジュール／変更／先日／大変／申し訳ない／内容／案内します／変わります／以下／プログラム／ストレッチ／参加費／半額	ご～ください／～いますようお願いします／～てくださいます／お～します [謙譲語]／ご～します／～場合、～
□Day99	p. 108	○	開講／就職します／帰国します／期間／ビジネスマナー／面接／練習／学費／学期／受講します	～場合は、～ ～ながら、～／～てもらいます
□Day100	p. 109	○	ペット／死／亡くなります／愛犬／泣きます／飼います／同僚／眠ります／体調／だんだん／無理をします／悲しみます／生活します／会社員／アドバイスします／できるだけ	～そうです（伝聞）／～ないで、～ ～【動詞 - 可能形】ようになります／～のではなくて、～
□Day101	p. 110	○	会います／すごく／やせます／食欲／太ります／体重／キロ／毎晩／ジョギングします／量／やっぱり	～の？／～って／～なあ（お）／～より、～たほうが／（理由・原因）～ ～たら、～たほうがいいです／～ちゃった／～のほうが～にしています／～んだって
□Day102	p. 111	○	ライオン／逃げます／地震が起きます／動物園／情報／驚きます／次々と／助けます／電話がかかってきます／発表します／怒ります／うそ／SNS／捕まります／おもしろい／もちろん／信じます／原因／事件／例	～ながら、～／～ときに、～／そうです（伝聞） ～というA／～らしいです／～かどうかかわかりません
□Day103	p. 112	○	エアコン／蒸し暑い／一日中／電気代／涼しい／消えます／暑い／消します／タイマー／セットします／ベッド／実は／温度	～ようにします／～ように、～そうです（伝聞）／～そうです（印象） ～たまま、～／～より、～たほうが／～ければ、～にくくなります
□Day104	p. 113	○	続けます／朝活／全体／約～／外国語／店員／動きます／ネット／ニュース／新聞／経済／政治／経営者／意見／～ほど／理由／期間	～と、～だけではなく、～／はどうでしょうか ～たことがあります／～ので、～／というA／～でも、～どうやって～【動詞 - 可能形】なくて、～
□Day105	p. 114	○	真ん中／昔／ある所に／殿様／息子／誕生会／城／住みます／運びます／座ります／ひざ／周り／丸／なるほど／さすが／よし／招待します	【動詞 - 受身形】て来ます／～そうです（印象）／～ところが、～／【動詞 - 使役形】／【動詞 - 可能形】 ～なさい／AじゃなくてB／～まで、～
□Day106	p. 115	○	マーケット／噴水／和食／召し上がります／地産地消／イベント／新鮮な／いただきます	～ていただけます／AとはB～ことです／～し、～のでどうやって～／【動詞 - 使役形】
□Day107	p. 116	○	ポスター／始まります／入口／第～回／オーケストラ／野外／風／ステージ／当日／配ります／入場／並びます／～席／早めに	ご～いただけます／～、～（付帯状況） ～ようです／～てみます／【疑問詞】～ばいいですか／お～ください
□Day108	p. 117	○ (聴読解9)	プレゼンテーション／資料／部分／直します／数／グラフ／報告／シリーズ／来場者／人数	～ていただきたいですが、～より、～ ～ながら、～／どれくらいの～のか／～にします／そんなことは～
□Day109	p. 118	○	バス／利用／案内／乗車券／購入／乗車／バスセンター／支払います／期限／過ぎます／手続き／予定日／キャンセル料／走行／通路／床下／トランクルーム／預かります／シートベルト／着用します／車内／禁煙／マナーモード／設定します／通話／遠慮します／変更します	お～します／～た場合、～ ご～いただけます／【動詞 - 受身形】（非情の受身）／お～ください／～のため、～／ら、～ございます／～ようお願いします／～的／～

□Day110	p. 119	○		～ても、～ば、～／【動詞‐可能形】ように、～／～ので、～／～ないほうがいいです／～かもしれません	【動詞‐受身形】ようになります／～ようになって、【期間】／～だって／～たほうがいいです／～てもいいです／Aのほうが、Bよりも、～／～そうです（伝聞）	顔文字／絵文字／デザイン／メッセージ／意見／反対
□Day111	p. 120	○		どうして～のでしょうか／～ために、～（目的）／～より、～ほうが、～／それで、～／～ようになります	～のに、～／～かもしれません／AをBに する と、～／～そうです（伝聞）／～ようです	江戸時代／ファストフード／チキン／値段／さっと／寿司／天ぷら／（魚）を捕ります／2つ分／串／刺します／油／揚げます／つゆ／味噌／火事／ほとんど／焼けます／建てます／修理します／一人暮らし
□Day112	p. 121	○		～しか～ありません／～ため、～（原因）／～かもしれません	～ように、～／～ていただきます／～たら、～	ショッピングセンター／オープンします／目標／駅前／マンション／人口／住民／声が上がります／名所／観光客／大型／市外
□Day113	p. 122	○		～な（禁止）と言われます／【動詞‐意向形】と思います／～のに、～／【動詞‐命令形】と言われます／～たら、～／～つもりです	【動詞‐受身形】（迷惑）／～ないように、～／また、～／～たことがあります／～かどうか～／～ようにすれば、～／～かもしれません	やる気／経験／動き／何とも／頼みます／売り切れます／月末／無駄な／絶対に／家賃／大家
□Day114	p. 123	○		～のは、～／～のです	ところで、～／～ことにします／～たほうがいいです／すると、～／～たらどうですか	カエル／～匹／間／出会います／つまらない／立ち上がります／山を下ります／帰って行きます／登ります／めずらしい
□Day115	p. 124	○		～かどうか～／～ために、～（目的）／～べきです／～のではないでしょうか	～だろう／【動詞‐受身形】ています（非情の受身）／～たり、～たりします／～しか～ません	学習／翻訳機／人工知能／AI／研究／進みます／将来／翻訳します／機械／おすすめ／出席します／通訳します／コミュニケーション／正しい／確認します／すばらしい／人間
□Day116	p. 126	○		～によると、～／～てきます／～たほうがいい／【疑問詞】～のかを、～／【動詞‐使役形】／Aより、Bのほうが、～／～と考えられています	【動詞‐受身形】（非情の受身）／【動詞‐受身形】ようになります／Aは～ことです／【動詞‐可能形】ようにします／～ために、～（目的）	安全な／ある～／調査／全体／別の～／防犯カメラ／増やします／目的／犯罪／見つけます／安心します／あちこち／暮らします／足ります
□Day117	p. 127	○		【謙譲語】／お～いただきます／～ていただきます／～てくださいますよう、お願いいたします／～なくてはいけません	ご～ください	ガス器具／点検／伺います／下記／日時／担当者／お宅／拝見します／自宅／変更します／希望／当社
□Day118	p. 128	○		～ことになります／～てもらいます／【動詞‐可能形】ようになります／【動詞‐受身形】	～たり、～たりします／～てはいけません／～というA／～ため、～（原因）／～ではなく、～／～のために、～（目的）	～初／国際人／船／流します／無人島／着きます／降ります／雨水／助け／決まり／船長／降ろします／名前をつけます／そのまま／一生懸命／卒業します／世界中／鯨／教師／通訳
□Day119 🔍	p. 129			【動詞‐可能形】／～までに、～／～と、～	【他動詞】てあります／～てから、～／～つもりです	講座／歴史／体にいい／前日／クイズ／プレゼント／意味／正月／途中
□Day120 🎧 10	p. 130	○ （聴読解 10）		～たら、～／～てしまいます／～でしょう／～になります／～にします	～ながら、～／AとかBとか／～そうです（印象）	笑います／すっきりします／怖い／約束します／選手／夢／物語／だめな／小説／幸せな

〈著　者〉ヒューマンアカデミー日本語学校　https://hajl.athuman.com/

ヒューマンアカデミー日本語学校は1987年に大阪校、1991年東京校、2015年に
は日本初の産学官連携の日本語教育機関となる佐賀校を開校した。
日本語教育プログラムを国内、およびアジアやヨーロッパを中心に海外でも提供する。
グループ親会社のヒューマンホールディングスは2004年JASDAQに上場。
全日制、社会人、児童向けロボット教室、カルチャースクール、日本語、海外留学など、
多種多様な教育事業を全国主要都市のほか、海外でも展開している。

〈執筆者〉辻　和子　　ヒューマンアカデミー（株）日本語教育事業部教学室顧問
　　　　　桂　美穂　　ヒューマンアカデミー日本語学校東京校常勤講師

〈写真提供〉PIXTAほか

つなぐにほんご初級 準拠

1日10分
初級からはじめる　読解120

2020年10月26日　初版第1刷発行
2023年 1月25日　初版第2刷発行

著者　　　　　　　ヒューマンアカデミー日本語学校
装丁　　　　　　　岡崎裕樹
DTP・イラスト　朝日メディアインターナショナル株式会社
発行人　　　　　　天谷修身
発行　　　　　　　株式会社アスク
　　　　　　　　　〒162-8558 東京都新宿区下宮比町2-6
　　　　　　　　　TEL 03-3267-6864　FAX 03-3267-6867
　　　　　　　　　https://www.ask-books.com/

印刷・製本　　　　大日本印刷株式会社

アンケートにご協力ください
 https://www.ask-books.com/support/　　

1日10分 初級からはじめる 読解120

Japanese Reading Comprehension
for Beginners

こたえ & スクリプト

Answers & Script

ask

Day 1-1

か	さ	お	い	し	い
あ	り	が	と	う	ま
し	お	ん	せ	ん	せ
た	こ	ば	ご	は	ん
く	す	り	た	さ	せ
る	し	ま	ね	み	い
ま	ご	す	き	で	す
い	と	も	だ	ち	か

レ	ス	ト	ラ	ン	ア
ニ	ュ	ー	ス	コ	ル
ヤ	メ	エ	ト	ン	バ
ン	ジ	ア	カ	サ	イ
チ	ョ	コ	レ	ー	ト
キ	ギ	ン	ン	ト	ヌ
ン	ン	タ	ダ	ン	ス
ウ	グ	メ	ー	ル	エ

Day 1-2

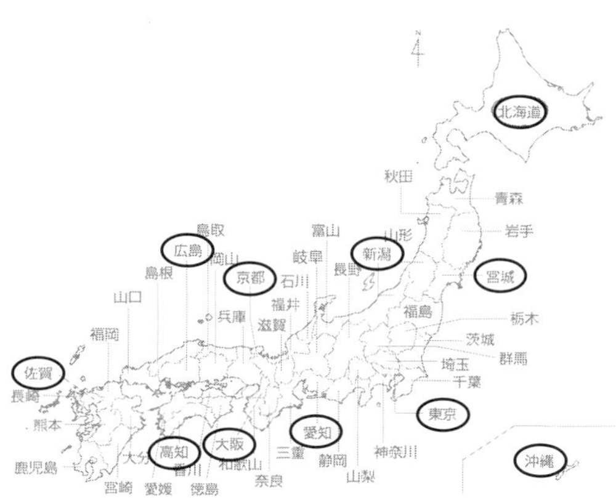

Day 2-1

① b 宮城は あめです。

② a 広島は はれです。

③ b 愛知は くもりです。

Day 2-2

① 60%

② 21℃〜27℃

Day 3

① e ② b ③ a

④ d ⑤ c

Day 4

① × ② ○

Day 5

① × ② ×

Day 6

① おちゃ ー 中国 ー 1200年ぐらい まえ

② こうちゃ ー イギリス ー 140年ぐらい まえ

③ コーヒー ー オランダ ー 300年ぐらい まえ

Day 7

1,400円

Day 8

b

Day 9

a 大川さん

b 本田さん

c 田中さん

d　山下さん

Day 10

① 4月18日 土よう日
② 10時25分

Day 11 🔍

d

Day 12 🎧 01

c

＊＊＊＊＊＊＊＊＊＊＊＊＊＊＊＊＊

Q　男の人は どの 本を 買いますか。
M（店員）：すみません。
F：いらっしゃいませ。
M（店員）：あのう、『ちいさいがっこう』は どこに ありますか。
F：『ちいさいがっこう』ですね。こちらです。
M（店員）：あ、ありがとうございます。じゃあ、これ、ください。
F：はい。ありがとうございます。

Day 13

①　b　　②　d　　③　c

Day 14

① 山田さん：さくら駅　リさん：みどり駅
② 電車で みどり駅へ 行きます。

Day 15

b、c

Day 16

①　○　　②　×

Day 17

①　にくと やさい　　②　飲みもの
③　にくと やさい　　④　くだもの

Day 18

① 7月25日（土曜日）
② 3,000円

Day 19

サンドイッチ

Day 20

①　×　　②　×

Day 21

6月、12月

Day 22

①　にぎやかな 町です。
②　べんきょうの 神さまの 神社ですから。

Day 23 🔍

b

Day 24 🎧 02

c

＊＊＊＊＊＊＊＊＊＊＊＊＊＊＊＊＊

Q　女の人と 男の人が レストランに います。女の人は どれを 食べましたか。
F：あ、デザートが 来ましたよ。いただきます。んー、おいしい。
M：あのう、私のも 食べませんか。私は ステーキを 食べましたから、おなかが いっぱいで…。
F：ありがとうございます。でも、私も おなかが いっぱいです。大きい サラダが ありましたから。ああ、おいしかった。

ごちそうさまでした。

Day 25
① c　②　a　③　d　④　b

Day 26
c

Day 27
a

Day 28
①　×　②　×

Day 29
①　1）C市　2）B市
②　1）B市　2）A市

Day 30
①　タンさん
②　（キムさんと ラマさんと マリーさんと
　　いっしょに）カラオケに 行きました。

Day 31
b

Day 32
c → d → b → a

Day 33
①　e　②　d　③　a

Day 34
b

Day 35 🔍
b

Day 36 🎧 03
c

＊＊＊＊＊＊＊＊＊＊＊＊＊＊＊＊＊＊＊

Q　女の人と 男の人が ネットショッピン
　グの サイトを 見て います。二人の 買
　い物は 全部で いくらですか。

F：ねえ、新しい パソコンが ほしいな。こ
　れ、どうかな？

M：50,000円？ 安いね。ぼくは テレビ、
　買いたいな。うちの テレビ、小さいか
　ら。

F：55インチの テレビ、いいねえ。でも、
　テレビと パソコンで、13万円…。
　ちょっと 高いなあ。うーん…、あ、私、
　パソコンじゃなくて、この タブレットに
　する。

M：ああ、その タブレット、とても いいよ。
　じゃあ、それと これだね。

F：うん、そうだね。

Day 37
c

Day 38
①　×　②　×

Day 39
①　c　②　a　③　b

Day 40
①　×　②　○

Day 41
e → d → b → c → a

Day 42
①　南 公太さんと 高田 ゆなさん（高校生）

② 女の子の 家族と 女の子
　　おんな　こ　　かぞく　　おんな　こ

Day 43 □
b → d → a → c

Day 44 □
a、b、c

Day 45 □
①アンちゃん

②さきちゃんが さきちゃんの お姉さんに
　　　　　　　　　　　　　　　　　ねえ
　聞きます。
　き

Day 46 □
モーモー

Day 47 🔍 □
d

Day 48 🎧 04 □
d

****

Q　デパートで 男の人と 女の人が 話して
　　　　　　　おとこ ひと　おんな ひと　はな
いています。二人は この 後、どこへ 行き
　　　　　　　ふたり　　　　あと　　　　　い
ますか。

M：買い物は 全部 終わったね。ああ、疲れ
　　か もの　ぜんぶ お　　　　　　　　　　つか
た。コーヒー、飲みたいな。
　　　　　　　の

F：あ、ちょっと 待って。ワイン 買った と
　　　　　　　　ま　　　　　　　か
き、この チケット、もらったの。

M：へえ。クリスマスプレゼントか。どれに
する？

F：本当は アクセサリーが ほしいけど…。
　ほんとう
でも、来週の クリスマスパーティーの
　　　らいしゅう
とき、みんなで 使う ものが いいかなあ。
　　　　　　　　つか

M：ああ、そうだね。じゃあ、受付で プレ
　　　　　　　　　　　　　　うけつけ
ゼント もらって、コーヒーは それから
だね。

Day 49 □
e → a → c → b → d

Day 50 □
b

Day 51 □
① ○　　② ×

Day 52 □
①　b　ツナGは 薬では ありません。
　　　　　　　くすり
②　a　ツナGを 飲んだら、あたたかく な
　　　　　　　の
ります。

Day 53 □
① ○　　② ×

Day 54 □
① ○　　② ×

Day 55 □
① ×　　② ○

Day 56 □
① ×　　② ○

Day 57 □
① ○　　② ×

Day 58 □
①　c　　②　海へ 行きます。
　　　　　　　うみ　い

Day 59 🔍 □
①　a　　②　c

Day 60 🎧 05 □
c

＊＊＊＊＊＊＊＊＊＊＊＊＊＊＊＊＊＊＊

Q　女の人と 男の人が 料理教室の パン
　　フレットを 見て います。女の人が 入
　　ろうと 思って いる クラスは どれです
　　か。

F：来月から この 料理教室に 行こうと
　　思って るんです。

M：へえ、ちょっと 見せて ください。料理
　　が できないから、僕も 習いたいなあ。

F：簡単な 料理の クラスも ありますよ。

M：ゆりさんは どの クラスですか。もうす
　　ぐ お正月だから、この クラスですか。

F：いいえ。仕事が 6時までなので、その
　　時間は 間に合わないんです。

M：じゃあ…、イタリア料理が 好きだから、
　　この クラスかな？

F：いいえ、こちらです。ピザとか スパゲッ
　　ティーは 勉強した ことが あるんです。

M：ああ、いろいろな 料理が 勉強できて、
　　いいですね。

<table><tr><td>**Day 61**</td><td>□</td></tr></table>

b

<table><tr><td>**Day 62**</td><td>□</td></tr></table>

c、e

<table><tr><td>**Day 63**</td><td>□</td></tr></table>

b

<table><tr><td>**Day 64**</td><td>□</td></tr></table>

①　×　　②　×　　③　○

<table><tr><td>**Day 65**</td><td>□</td></tr></table>

c

<table><tr><td>**Day 66**</td><td>□</td></tr></table>

b

<table><tr><td>**Day 67**</td><td>□</td></tr></table>

d

<table><tr><td>**Day 68**</td><td>□</td></tr></table>

c

<table><tr><td>**Day 69**</td><td>□</td></tr></table>

b

<table><tr><td>**Day 70**</td><td>□</td></tr></table>

b　→　d　→　c　→　a　→　e

<table><tr><td>**Day 71** 🔍</td><td>□</td></tr></table>

b

<table><tr><td>**Day 72** 🎧 06</td><td>□</td></tr></table>

b

＊＊＊＊＊＊＊＊＊＊＊＊＊＊＊＊＊＊＊

Q　試験の前に、担当の人が説明していま
　　す。女の人は何の時間について質問し
　　ましたか。

M1（担当者）：みなさん、今日はつなぐ貿
　　易の入社試験を受けに来ていただき、あ
　　りがとうございます。まずはみなさんの
　　机の上の「入社試験の注意」と書いて
　　ある小さい紙をごらんください。初めに
　　筆記試験、次に作文です。昼休みの後、
　　最後が面接です。何か質問があれば、
　　どうぞ。

F（受験者）：あの、すみません。いつも辞
　　書のアプリを使ってるんですが、いいで
　　しょうか。

M1（担当者）：えっと…、ああ、これです
　　ね。スマホの辞書は使わないでくださ

い。

F（受験者）：わかりました。

M2（受験者）：休み時間はスマホが使えま
す か。

M1（担当者）：はい、どうぞ。フリーの
Wi-Fi もあります。

Day 73

①　◯　　　②　✕

Day 74

a

Day 75

①　ほかの社員と力を合わせて働ける人
②　・その会社でやりたいこと
　　・その会社でやりたいと思った理由
　　・その会社でなければできないこと

Day 76

a

Day 77

c

Day 78

a

Day 79

d

Day 80

①　✕　　　②　◯

Day 81

b

Day 82

HA カプセルを朝食と夕食の後1つ、ツナー
グを夜寝る前に1 袋

Day 83 🔍

b

Day 84 🎧 07

c

＊＊＊＊＊＊＊＊＊＊＊＊＊＊＊＊＊

Q　男の人と女の人がカラオケ店のホーム
ページを見ながら話しています。どの
部屋を予約しますか。

M：忘年会の後のカラオケを予約しようと
思うんですけど、ここ、どうでしょう
か。

F：へえ、安いですね。駅に近いし、いい
と思います。忘年会に何人参加するん
ですか。

M：18人です。あ、う〜ん。みんな一緒に
入れる部屋はありませんね。加藤部長と
山本課長と前川課長はこの小さい部屋
で、ほかの人はこの大きい部屋にしま
しょうか。

F：え？ 忘年会ですから、部長も課長も一
緒がいいですよ。全員を半分に分けま
しょうよ。

M：そうですね。じゃあ、これですね。

Day 85

6月20日から6月26日まで、文化セン
ターで、「私の国はどこ 〜世界難民の日〜」
写真展があります。

Day 86

Q1　①　✕　　　②　◯
Q2　c

Day 87

a

Day 88

b

Day 89

（例）Ｃ型の名前が０（ゼロ）型になって、その後、Ｏ（オー）型に変わりました。

Day 90

Q1　①　×　　②　×　　③　○

Q2　b

Day 91

Q1　40歳

Q2　c

Day 92

Q1　①　○　　②　×　　③　×

Q2　5,100円

Day 93

① （例）つく**え** → **え**い**が** → **ガラス**
② （例）**タイ** → **イギリス** → **ス**イス
③ （例）**えい**が → **いえ** → ケータ**イ**
④ （例）**い**す → **と**け**い** → パスポー**ト**

Day 94

Q1　①　○　　②　×　　③　○

Q2　（例1）細菌は一つの細胞でできていますが、ウイルスは細胞を持っていません。

　　（例2）細胞は自分の体を半分に分けてどんどん増えますが、ウイルスは細胞の中に自分のDNAを送って自分のコピーを作って増えます。

Day 95 🔍

c

Day 96 🎧 08

d

＊＊＊＊＊＊＊＊＊＊＊＊＊＊＊＊＊＊＊

Q　女の人と男の人がメモを見ながら、話しています。どのメモを見ていますか。

F：ただ今戻りました。

M：お帰りなさい。お疲れさまでした。

F：あ、山川さん、たくさんメモ、ありがとうございました。

M：いえいえ。あ、これなんですけど…、電話番号、聞くのを忘れてしまったんです。申し訳ありません。わかりますか。

F：ああ、この方ですね。大丈夫ですよ。わかります。

M：すみません。よろしくお願いします。

Day 97

Q1　①　○　　②　×　　③　×

Q2　緊張することに慣れます。

Day 98

Q1　①　×　　②　×　　③　○

Q2　5,000円（半額）返してもらいます。

Day 99

Q1　c

Q2　10月４日までに受付に申込書と学費20,000円を持って行きます。

Day 100

Q1　①　×　　②　○　　③　×

Q2　（例）悲しい気持ちが強いのに、「泣いてはいけない」と思ったからです。

Day 101

Q1　①　前川さん

　　②　山口さんと前川さんの弟（前川真二さん）

　　③　中田さん

Q2　前川さんが山口さんを心配しています。

Day 102

Q1　①　×　　②　×　　③　○

Q2　（例）本当かどうかわからない情報をほかの人に伝えた人がたくさんいたからです。

Day 103

Q1　①　×　　②　×　　③　○

Q2　a

Day 104

Q1　a

Q2　①　○　　②　×　　③　×

Day 105

Q1　c　→　b　→　d　→　a

Q2

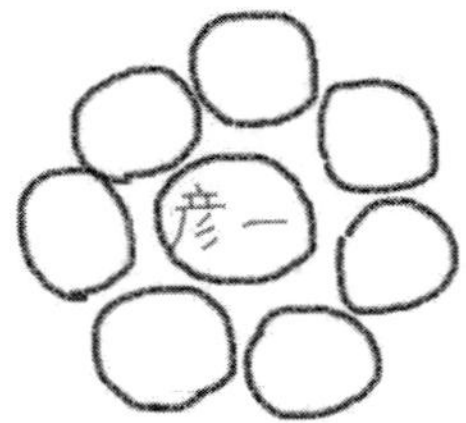

Day 106

Q1　b

Q2　（例）・新鮮なものが安く買えます。

　　　　・どんな人がどうやって作った

のかわかるので、安心できます。

Day 107 🔍

c

Day 108 🎧 09

c

＊＊＊＊＊＊＊＊＊＊＊＊＊＊＊＊＊＊＊

Q　女の人と男の人がプレゼンテーションの資料を見ながら話しています。女の人はこの後、どの部分を直しますか。

F：課長、資料を直したので、見ていただきたいんですが。

M（課長）：はい、いいですよ。えっと…。お客様がイベントにいらっしゃった時間と人数のグラフは直したんですね。前のよりわかりやすくなりましたよ。

F：ありがとうございます。

M（課長）：イベントも商品も、よかったという答えが多かったんですね。どれぐらいの数だったのかも知りたいなあ。

F：では、こちらもグラフにします。商品の写真がちょっと小さいでしょうか。

M（課長）：いえ、そんなことはないと思いますよ。じゃあ、よろしく。

F：はい、わかりました。

Day 109

①　×　　②　×　　③　○

④　○　　⑤　×

Day 110

Q1　b

Q2　①使わないほうがいいと考えています。

　　②「ビジネスの連絡に顔文字は合わ

ない」と考える人が少なくないか
らです。

Day 111

Q1 　① 〇　　② ×　　③ ×

Q2 　（例）家を建てたり修理したりするた
めに、おおぜいの男の人が江戸に来
て、そばやすしを店で食べたからで
す。

Day 112

Q1 　① 〇　　② ×　　③ 〇

Q2 　（例）・買い物が便利になります。
・観光客が増えます。

Day 113

Q1 　① 〇　　② ×　　③ 〇

Q2 　a

Day 114

a

Day 115

Q1 　c

Q2 　（例）機械に何かを話したり、機械か
ら出てきた音を聞いたりすることは、
コミュニケーションとは言えないから
です。

Day 116

Q1 　① 〇　　② ×　　③ 〇

Q2 　（例）防犯カメラがあちこちにあると、
いつだれとどこで何をしていたのか
を、ほかの人に知られてしまうからで
す。

Day 117

Q1 　① 〇　　② ×　　③ ×

Q2 　つなぐガスサービスの担当者が、山
口さんの部屋で、ガス器具の点検を
します。

Day 118

土佐　→　無人島　→　アメリカ　→
長崎　→　土佐　→　江戸　→　土佐

Day 119 🔍

c

Day 120 🎧 10

b

＊＊＊＊＊＊＊＊＊＊＊＊＊＊＊＊＊＊＊

Q　女の人と男の人が本屋で本の紹介を読
みながら、話しています。女の人はど
の本を買いますか。

F：最近読んだ本でおもしろいの、あった？

M：うん。そうだなあ。これとこれと…、あ
と、これとこれかな。おすすめだよ。こ
の家族の話は、ほんとにおもしろくて、
笑いながら読んだよ。

F：へえ。おもしろい話、いいね。私、こわ
い話とか悲しい話は好きじゃないの。

M：じゃあ、これはだめだな。このパー
ティーの話、ちょっとこわいから。

F：この本はどう？　小説の名前はきれいだ
けど、悲しい話なの？

M：ううん。悲しくて泣いちゃうんじゃなく
て、幸せな気持ちになる話なんだよ。

F：へえ、おもしろそう。じゃあ、これにす
る。